Wolf Lotter

Zivilkapitalismus

Wir können auch anders

Pantheon

Verlagsgruppe Random House FSC® N001967
Das für dieses Buch verwendete FSC®-zertifizierte Papier
Lux Cream liefert Stora Enso, Finnland.

Der Pantheon Verlag ist ein Unternehmen der Verlagsgruppe
Random House GmbH

Erste Auflage
August 2013

Copyright © 2013 by Pantheon Verlag, München,
in der Verlagsgruppe Random House GmbH

Umschlaggestaltung: Büro Jorge Schmidt, München
Satz: Ditta Ahmadi, Berlin
Druck und Bindung: CPI, Clausen & Bosse, Leck
Printed in Germany
ISBN 978-3-570-55231-5

www.pantheon-verlag.de

Inhalt

Vorbemerkung

Dieser Text gibt keine fertigen Antworten. Er propagiert keine Methode und verkauft keine Lösungen. Dennoch ist er als Beitrag zur Lebenshilfe verfasst worden. Er fordert auf, die trotzige Haltung gegen den Kapitalismus zur Seite zu legen und stattdessen das Werkzeug der Ökonomie für ein besseres Leben anzuwenden. Sein Ziel ist es, den Kapitalismus in neuer Form zur ersten Bürgerpflicht zu machen.

Dieses Buch beschreibt die Beschaffenheit und den Zustand des Instruments, nicht aber die Ergebnisse, die damit zu erzielen sind.

Es setzt auf die Mündigkeit und den Verstand seiner erwachsenen, selbstbestimmten Leser.

TEIL 1

SYSTEMFRAGEN

When my information changes,
I change my mind.
What do you do, Sir?
JOHN MAYNARD KEYNES

Der Kapitalismus ist am Ende.
Die Zeichen stehen an jeder Wand.

Nach langer Herrschaft wird nun kurzer Prozess gemacht. Es ist ein Prozess, bei dem »die Richter das Todesurteil bereits in der Tasche haben. Sie werden es fällen, ohne Rücksicht auf vorgebrachte Verteidigung; der einzige Erfolg, den eine siegreiche Verteidigung möglicherweise zeitigen kann, ist eine Änderung der Anklage«.

Der große Ökonom Joseph A. Schumpeter hat das aufgeschrieben, im Jahr, in dem der Zweite Weltkrieg begann, 1939. Die Jahre zuvor waren geprägt von einer Weltwirtschaftskrise, auf die auch heute, im nach wie vor laufenden Prozess gegen den Kapitalismus, immer wieder Bezug genommen wird. Damals wie heute hieß es, dass es habgierige Spekulanten und selbstsüchtige Kapitalisten gewesen wären, die die Welt an den Rand des Abgrunds geführt hätten. Die Anklagepunkte und die hinter ihnen steckende Haltung haben sich nicht geändert. Und das ist das Problem: Denn eine Änderung der Anklage würde den Prozess als das entlarven, was er ist: eine Farce.

Das Ziel der Ankläger ist es, dem Kapitalismus die Ursache für alle menschlichen Fehler zuzurechnen. Gier, Neid, Raub, Betrug, Erpressung, Respektlosigkeit und Gewalt, sie alle scheinen in der Welt der Antikapitalisten einen einzigen Grund zu haben: den Angeklagten. Dass der dazu so hartnäckig schweigt, wird ihm zur Last gelegt. Linke, Rechte, Konservative, Kirchen und Nichtregierungsorganisationen, Parteien und Politiker, sie alle sind sich einig in der Anklage. Allein das sollte aufgeklärten Menschen zu denken geben. Welchem Zweck dient die lautstarke Anklage des Kapitalismus? Wem nützt sie?

Möglicherweise, ja sehr wahrscheinlich sogar, stellen sich einige der Anklagepunkte bei genauer Betrachtung als richtig heraus. Vielleicht sind sogar die meisten der Vorbehalte, die gegen den Kapitalismus geäußert werden, in ihrer Tendenz richtig. Doch selbst dann kann man nicht übersehen, dass mit diesen Feststellungen noch nichts getan ist. Haben wir verstanden, was Kapitalismus ist – und was der Antikapitalismus will? Denn nur, wer beide Seiten kennt, kann zu einem dritten Weg aufbrechen, also das Klagen überwinden und die Sache selbst in die Hand nehmen.

Die Ankläger von heute eignen sich kaum dafür, diesen dritten Weg zu beschreiten. Man soll, so heißt es, die neue Welt nicht jenen überlassen, die schon die alte an die Wand gefahren haben. Für praktisch alle heute präsenten Parteien, Lobbies und Organisationen gilt diese Einsicht. Sie sind es, die den Mythos des Kapitalismus entwickelt haben. Sie bestimmen unsere Sicht auf die Dinge. Deshalb wird sich dieses Buch seinem Gegenstand über dessen Gegensatz nähern, also die Welt des Antikapitalismus beschreiben.

Haben wir verstanden, was Kapitalismus ist – und was der Antikapitalismus will? Denn nur, wer beide Seiten kennt, kann zu einem dritten Weg aufbrechen, also das Klagen überwinden und die Sache selbst in die Hand nehmen.

Mythen sind gefährlich: »Der größte Feind der Wahrheit ist sehr häufig nicht die Lüge – wohl bedacht, erfunden und unehrlich –, sondern der Mythos – hartnäckig, überzeugend und unrealistisch.« Diese kluge Feststellung stammt von John F. Kennedy. Mythen dienen dem Machterhalt. Sie bestehen aus Geschichten, die wir glauben sollen, damit alles so bleiben kann, wie es ist. Der Mythos schafft sich seine eigene Vergangenheit, er tut so, als ob er »Geschichte« hätte – das ist die Legendenbildung, die untrennbar zum Mythos gehört. Dieser Text wendet sich also zunächst gegen den Mythos und die Ohnmacht, die er nährt.

Der Kapitalismus ist ein Instrument, ein Werkzeug. Um für seine Feinde maximalen Nutzen zu stiften, muss er aber zu einem Mythos werden, zu einem lebendigen Wesen, einem Monster – oder eben dem, was man allgemein das »System« nennt, von dem alles Unglück ausgeht.

Ein Mythos ist überirdisch. Er gerät seinen menschlichen Schöpfern außer Kontrolle. Das ist so beabsichtigt. Denn nun können mehr Regeln und mehr Mittel zur Kontrolle des selbstgeschaffenen Undings verlangt werden. Das hieß zu allen Zeiten: mehr Macht.

Ein Instrument tut, was es kann. Ein Mythos hingegen schlüpft einem durch die Finger. Ein Werkzeug verlangt, dass wir seine Handhabung verstehen. Ein »System« aber kann man nicht begreifen, dazu ist es zu komplex, seine Eigenschaften zu unüberschaubar, zu unberechenbar. Ein »System« ist ein Zauberlehrling, ein Golem, der zu Leben erweckt wurde und jetzt nicht mehr zu stoppen ist.

Und wir fühlen uns dabei wie unsere Vorfahren. Der Kapitalismus entfesselt heute eine alttestamentarische Weltsicht: Wir fühlen uns bestenfalls als »Davids« im Kampf gegen »Goliaths«, doch eher schon als von »Heuschrecken« und anderen biblischen Plagen heimgesuchte Kapitalismusopfer. Die ganze Geisterbahn der Kulturgeschichte wird seit Beginn der Finanzkrise heraufbeschworen.

Diese schwülstige Beschwörung erfüllt einen pragmatischen Zweck: Der Kapitalismus ist an allem schuld. Wer das bezweifelt, kann bestenfalls dumm sein, gefährlich naiv – im Regelfall aber handelt es sich um eine Falschaussage und einen Meineid. Der Antikapitalismus ist zwar unvernünftig, aber er verfügt wie alle totalitären Theorien über eine innere Ordnung in Form einer Endlosschleife, bei der alle Ursachen des Bösen auf einen Nenner, einen Sündenbock gebracht werden. Das »System« ist die große Projektionsfläche für Enttäuschungen aller Art, persönlich wie

Der Kapitalismus ist an allem schuld. Wer das bezweifelt, kann bestenfalls dumm sein, gefährlich naiv – im Regelfall aber handelt es sich um eine Falschaussage und einen Meineid.

politisch. Ob das Essen nicht schmeckt, der Chef nicht grüßt, die Kinder plärren oder die Frau Migräne hat, der Mann seine Gattin betrügt oder der Prüfungsstoff zu schwer ist: Immer steckt das »System« dahinter, die Chiffre für die allgegenwärtige Ausrede, die Dinge nicht in den Griff zu kriegen. Alles bleibt im Konjunktiv, und man kann sein Leben im Schongang hinter sich bringen.

Der gegenwärtige Prozess gegen den Kapitalismus ist nur einer in einer Reihe von Verfahren, die in der Geschichte der Menschheit gegen die Vernunft, die Aufklärung und den Individualismus geführt wurden. Zu allen Zeiten gab es genug Manipulanten, die sich zum Erhalt ihrer Macht zu Richtern aufgeschwungen haben. Und es gab reichlich nützliche Idioten, die ihr privates Unbehagen gerne zur öffentlichen Sache gemacht haben – nach dem Motto:»Wenn es mir nicht gut geht, dann ist auch der Rest der Welt nicht in Ordnung.« So denken Menschen, die nicht selbstkritisch genug sind, bei der Suche nach den Ursachen ihrer Leiden sich selbst miteinzubeziehen. Es ist wahr: Nichts verändert sich von selbst. Aber wenn man sich selbst nicht verändern will, dann erst recht nicht.

Zu allen Zeiten gab es genug Manipulanten, die sich zum Erhalt ihrer Macht zu Richtern aufgeschwungen haben.

Eine lapidare Antwort auf dieses Problem lautet: Menschen sind so.

Ist die Verteidigung des Kapitalismus also aussichtslos, wie Schumpeter meinte, weil es sinnlos wäre, gegen die ungeheure Menge an »unter- und überrationalen Impulsen« anzukämpfen, aus denen der Kapitalismus in den Augen seiner ökonomisch ungeschulten Beobachter besteht?

Nein, das ist es nicht.

Erstens nicht, weil man dann ebenso gut die Begründung für Demokratie, Aufklärung und Emanzipation auf die Seite legen könnte. Geschichtslosigkeit ist zwar auch heute eine weitverbreitete Krankheit. Aber eine Zivilgesellschaft, die sich nicht erinnert, ist kaum ungefährlicher als ihre Vorläufersysteme, in denen sich das »Volk« von seinem »Führer« oder einer anderen Regierungsform zu allem Möglichen anstiften ließ, an das es sich danach nur ungern oder gar nicht erinnern konnte. Die Gedächtnislücken der Generation des Zweiten Weltkriegs liegen letztlich ja weniger in einem kompletten Erinnerungsverlust begründet als in der – genau betrachtet gar nicht so irrationalen – Einsicht, dass sie nur Befehlen gehorcht habe. Und da habe man »als Einzelner« nichts ausrichten können.

Dieser geistige Befehlsnotstand wird auch im allgemeinen Antikapitalismus gepredigt: Leute, die für Bürgerinitiativen sind, für regionale und lokale Teilnahme an politischen Entscheidungen, für mehr Volksabstimmungen und aktives Bürgertum, die außerhalb der eingefahrenen Strukturen und Bürokratien für mehr Mitbestimmung kämpfen – diese Leute verweigern sich einer Annäherung an die persönliche und zivile Ökonomie, indem sie den »Kapitalismus« und die »Wirtschaft« und das »Kapital« und sein »System« samt der allgemein verorteten »Gier« zu einem Feind erklären. Kann die Zivilgesellschaft, der große Schritt in der Emanzipation der Bürger von ihren Regierungen, gelingen, wenn ihre Akteure materiell hilflos, abhängig und handlungsunfähig bleiben?

Oder gibt es möglicherweise irgendwo einen geheimen Masterplan, nach dem alle Teilnehmer der Zivilgesellschaft ihre sämtlichen ökonomischen Bedürfnisse und Fähigkeiten vergessen können, weil alles, was man gerne hätte – und das ist nicht gerade wenig – einem nach Art des Schlaraffenlandes in den Mund fliegt?

Diese gefährlichen Illusionen gefährden das Projekt der Zivilgesellschaft in ihrem Fundament. Ohne Zivilkapitalismus gibt es keine Zivilgesellschaft. Wer nicht lernt, mit der

Ohne Zivilkapitalismus gibt es keine Zivilgesellschaft. Wer nicht lernt, mit der Ökonomie umzugehen, tut nur so, als ob er mehr Demokratie wagen möchte. Wollen wir nur spielen? Oder zeigen wir endlich mal, was wir können?

Ökonomie umzugehen, tut nur so, als ob er mehr Demokratie wagen möchte. Wollen wir nur spielen? Oder zeigen wir endlich mal, was wir können?

Der Schauprozess gegen den Kapitalismus gleicht dem Ausschlag eines Pendels einer gewaltigen Uhr. Nach dem Zweiten Weltkrieg verzahnten sich im Uhrwerk die großen Räder des Sozialstaates mit dem Konsumkapitalismus. Das eine braucht das andere. Beides aber führt dazu, dass die Person selbst zu einer sozialen, politischen und ökonomischen Marionette degradiert wird: Der Bürger ist nicht selbstständig und souverän, sondern der Verbraucher eines auf Hochtouren produzierenden Konsumkapitalismus. Also ein Subjekt, das nichts anderes zu tun hat, als die industriell gefertigten Fließbandprodukte stets aufs Neue zu verbrauchen und zu erwerben. Als Teil des Sozialstaates sind wir ebenfalls Konsumenten, die man nicht fragt, was sie wollen, die nicht selbst ihre Gesellschaft gestalten, sondern sich in einem immer höheren Maße bevormunden und organisieren lassen. Die Politikerklasse hat die Krisen, die sie ganz wesentlich zu verantworten hat, nicht nur unbeschadet überstanden, sondern schwingt sich nun auch noch zum Richter auf: Das Primat der Politik wird gefordert. Dazu gehört die Gleichung: Kapitalismus ist Egoismus, Politik ist Gemeinsinn. Nichts ist falscher als das. Der Kapitalismus stärkt vielmehr die Unabhängigkeit der Person, die gelernt hat, die Ökonomie als Werkzeug zur Emanzipation zu nutzen.

Die Politik ist zu allen Zeiten voller egomaner Verrückter gewesen, deren Geschäftsmodell darin besteht, anderen Leuten ihr Leben vorzuschreiben und sich deren Lebensergebnisse anzueignen. Nero, Caligula, Robespierre, Hitler, Stalin und Mao waren keine Kapitalisten. Sie waren Politiker, Machthaber. Haben sie möglicherweise den Gemeinsinn erfunden?

Das politische Pendel schlägt also nicht in Richtung Gemeinsinn, sondern in Richtung Gemeinheit aus, und man kann es fast überall in der Gesellschaft erkennen. Diskurse sind nicht gewünscht.

Das Entstehen eines gehaltvollen Streites zum Kapitalismus, seiner Zukunft, seiner Funktion ist das wichtigste Ziel dieses Buches, und diese Absicht wird an vielen Stellen hervortreten. Denn von platten Ablehnungen und Vorurteilen abgesehen gibt es keinen wirklichen Streit um den Kapitalismus. Damit wird er zu etwas gemacht, was er nicht ist: zum Schicksal. Das steckt auch hinter der resignativen Feststellung, dass 1989, im Jahr der Wende, der Kapitalismus seine Auseinandersetzung mit dem Kommunismus nicht gewonnen habe, sondern eben nur übrig geblieben sei. Und nun, liebe Intellektuelle, verehrte Geisteseliten, Bürger einer vermeintlich selbstbewussten Zivilgesellschaft, was nun? Liegt er jetzt rum, der Kapitalismus?

Und was macht ihr eigentlich so, damit die Zukunft der Zivilgesellschaft nicht sich selbst überlassen ist? Wollt ihr nicht aus eurem Unbehagen, das die Folge eurer beharrlichen Verweigerung zur praktischen Ökonomie ist, wenigstens eine Unruhe machen, die zum Nachdenken führen könnte?

Wenn sich die Zivilisation entwickeln will, muss sie sich zuerst einmal erinnern. Das ist in Zeiten der Veränderung, in denen wir stehen, vielleicht die wichtigste Übung. Das hat auch den Vorteil, dass wir nicht spekulieren müssen – nur verstehen.

Das ist nicht einfach.

Scheinbar leichter ist es, die historischen Erfolge des Kapitalismus aufzuzählen. Nüchtern betrachtet profitiert die große Mehrheit der Menschheit heute von diesem Werkzeug. Auch wenn man das im reichen Westen nur gelegentlich und vermittelt bemerkt: Der Kapitalismus sorgt heute in der Globalisierung, die zu einem seiner Synonyme geworden ist, für die größte Gerechtigkeitskampagne in der Menschheitsgeschichte.

Von platten Ablehnungen und Vorurteilen abgesehen gibt es keinen wirklichen Streit um den Kapitalismus. Damit wird er zu etwas gemacht, was er nicht ist: zum Schicksal.

Und die großen Krisen des Kapitalismus? Die Weltwirtschaftskrise von 1929 etwa, das Ereignis also, in dessen hartem Echo Schumpeter seine Gerichtsprotokolle notierte?

Sie waren, das schreibt der ehemalige Links-Sponti und spätere Bundesaußenminister Joschka Fischer, nicht etwa die Folge eines zügellosen Kapitalismus, sondern dessen Gegenteil, einer engstirnigen staatlichen »Abschottung«, die zu einer »globalen Finanz- und Wirtschaftskrise, zum Aufstieg der europäischen Totalitarismen und zu einem erneuten Weltkrieg« führten. Die Globalisierung selbst ist bei Fischer der Prozess, der die »jahrhundertealte globale Vorherrschaft des Westens in Frage stellt«.

Die verwöhnten Bürger der westlichen Wohlstandsstaaten reden gerne über Chancengleichheit für alle – aber wenn sie wirklich eintritt, hebt das Gezeter – die Globalisierungs- und Kapitalismuskritik – an. Das trifft besonders die Eliten hart, die sich im Wohlstand gemütlich eingerichtet haben, und es sind natürlich auch die geistigen und intellektuellen Eliten, die aus ihrer ökonomischen Unbildung immer wieder eine Tugend zu machen versuchen. Wer auf einer Party den rechenschwachen Antikapitalisten gibt, hat die Sympathien auf seiner Seite. Dabei vergessen viele, dass ein kritischer Blick ohne Sachverstand nichts weiter ist als eine Behauptung, eine Überheblichkeit. Ohne Ahnung von Ökonomie ist der kritische Blick vieler westlicher Intellektueller nichts weiter als eine Attitüde. Aber haben sie nicht trotzdem recht, liegen sie nicht sozusagen instinktiv mit ihrer Ablehnung des Kapitalismus richtig? Nehmen wir mal die Finanzkrise: Waren es nicht die Banken, die erst spekulierten, um dann dem Staat und Steuerzahler auf der Tasche zu liegen? Waren es nicht diese Erzkapitalisten, die den

Konkurs des Systems am deutlichsten machten? Das gilt mittlerweile als wahr. Dabei wird aber übersehen, dass die Finanzkrise vor allem das Produkt einer über Jahrzehnte währenden engen Verflechtung von Staaten, Politik und Finanzindustrie ist – also keineswegs das Ergebnis einer kapitalistischen Überhitzung. Die leitenden Angestellten in Banken haben ihre Manöver stets mit der Politik verzahnt und geplant. Es ist das Geld anderer Leute, mit dem sie spielen – die Banker wie die Politiker. Das unternehmerische Risiko ist gleich null. Vor einigen Jahren nannten sich die Finanzmanager noch stolz und standesbewusst Bankbeamte. Und wer einmal erlebt hat, wie ausgezeichnet sich Banker und Verwaltungsbürokraten verstehen, dem ist die Krise kein Rätsel mehr.

Die Krise ist nicht allein das Produkt gieriger Spekulanten, sondern wenigstens genauso das Ergebnis der Arbeit unzähliger Bürokraten in Behörden und Konzernen, von Managern aller Art also. Es liegt in der Tat ein Systemversagen vor – nur hat dieses System nichts mit dem Kapitalismus zu tun, sondern mit dem alten Machtfilz aus Bürokratie, Berufsbeamtentum und Politik, der die Krise verursacht hat.

Ist es also wirklich eine so großartige Idee, das »Primat der Politik« zu fordern – was ja auch einmal die Frage aufwerfen müsste, wer denn eigentlich all die letzten Jahrzehnte regiert und organisiert hat. Waren das alles hilflose Idioten, denen nicht aufgefallen ist, dass die »Macht« längst abgewandert ist? Oder war es, anders als diese Verschwörungstheorie uns weismachen will, doch eher so, dass sich alle Seiten prachtvoll verstanden: Politiker forderten, Banken lieferten,

Die Krise ist nicht allein das Produkt gieriger Spekulanten, sondern wenigstens genauso das Ergebnis der Arbeit unzähliger Bürokraten in Behörden und Konzernen, von Managern aller Art also. Es liegt in der Tat ein Systemversagen vor – nur hat dieses System nichts mit dem Kapitalismus zu tun, sondern mit dem alten Machtfilz aus Bürokratie, Berufsbeamtentum und Politik, der die Krise verursacht hat.

und Bürger nahmen, was sie kriegen konnten. In dieser Welt leben wir, ob es uns gefällt oder nicht.

Eine geänderte Anklage im Prozess gegen den Kapitalismus müsste aber auch neue Zeugen in den Stand rufen, auch jene, die sich als Zeugen der Verteidigung ausgeben, es aber nicht sind. In der Zivilgesellschaft brauchen wir Unternehmer, Menschen, die auf eigene Verantwortung handeln. Menschen mit Zivilcourage. Sie lösen den Untertanen des Industriekapitalismus ab, den Bürokraten und Manager, der nie von etwas wusste, der nichts dafür kann, nur Befehle ausführt und auch sonst nichts mit diesem Kapitalismus zu tun hat. Wie wenig, werden wir noch sehen. Im Prozess um den Kapitalismus würden sich diese vermeintlichen Zeugen der Verteidigung bald als meineidige Wendehälse entpuppen, so wie Verbandspolitiker, Lobbyisten und andere Funktionäre, die davon leben, Menschen zu beherrschen und zu verwalten – und deren Geschäftsmodell sicher nicht darin liegt, diese Vormundschaft zu beenden.

Objektiv betrachtet hat der Kapitalismus eine Stufe erreicht, in der nun dieser Schritt der Emanzipation erledigt werden kann. Wir sind wohlhabend und frei genug, um uns das letzte, fehlende Glied der Aufklärung anzueignen: das Wissen um Ökonomie.

Wir sind wohlhabend und frei genug, um uns das letzte, fehlende Glied der Aufklärung anzueignen: das Wissen um Ökonomie.

Wer von Wirtschaft nichts versteht, bleibt immer unmündig – und ganz gleich, ob er als Intellektueller oder Minijobber durchs Leben geht, er bleibt abhängig von anderen, und er wird frustriert die Anklageschriften derer unterstützen müssen, die für ihren Machterhalt von einem »Primat der Politik« reden. Zivilkapitalismus ist der Kapitalismus der Person. Sie steht an erster Stelle. Der Mensch ist das Primat, das zählt.

Aber zurück zu den Notwendigkeiten: Die Änderung der Anklage ist die Änderung des Standpunkts, des Blickwinkels.

20

Eine Reihe von Politikern weiß, dass ihr Beruf nur Zukunft hat, wenn die Bürger anfangen, den Staat nicht mehr als ständig wachsende Versorgungsanstalt zu begreifen. Es gibt also durchaus Verbündete in der Politik, mehr als man glaubt. So wie es auch in Konzernen und bürokratischen industriekapitalistischen Organisationen eine wachsende Anzahl an Menschen gibt, die das alte Herrschafts- und Wirtschaftssystem ruhig, aber konsequent von innen heraus verändern. Es sind Partisanen in eigener Sache, denen es nicht mehr genügt, dass sie eine schöne Karriere bis zur Rente machen können.

Für den Zivilkapitalismus und die Zivilgesellschaft braucht man einen Treibstoff. Es ist der gleiche, der auch den alten, unsinnigen Anklagen im Prozess gegen den Kapitalismus widersprechen lässt: Mut, Courage, Zivilcourage, Selbstverantwortung.

Richten wir den Blick auf uns selbst. Der Kapitalismus ist ein Instrument, ein Werkzeug, kein Mythos. Wir können mit ihm machen, was wir wollen. Wenn uns beim Versuch, ein Bild aufzuhängen, der Hammer auf die Füße fällt, war das die Schuld des Hammers? Was kann das Werkzeug dafür, dass wir zwei linke Hände haben? Im Umgang mit dem Kapitalismus aber sind Medienleute, Eliten, Politiker und Bürger sich schnell einig: Wütend pfeffern sie den Hammer in die Ecke und verfluchen ihn. Ein Werkzeug zum Sündenbock zu machen, ist die unausbleibliche Folge aller Ahnungslosigkeit: Irgendjemand muss ja schuld sein. Und ich selbst kann das auf keinen Fall gewesen sein. So schlagen wir tapfer daneben, treffen alles Mögliche, nur nicht den Nagel auf den Kopf.

Was den Kapitalismus angeht, haben viele Flugangst aus Prinzip. Man könnte auch sagen: Was der Bauer nicht kennt, frisst er nicht.

Ein Hammer ist ein Hammer. Aber den Kapitalismus verstehen – ist das denn möglich? Ist das nicht viel zu kompliziert? Sollen wir alle Experten werden, Banker, Aktien-Gurus, Spezialisten? Nein, wir müssen das so wenig werden wie wir Piloten, Chirurgen oder Busfahrer werden müssen, um von komplexen Systemen zu profitieren.

Niemand muss einen Pilotenschein machen, wenn er nach London fliegen möchte. Aber was den Kapitalismus angeht, haben viele Flugangst aus Prinzip. Man könnte auch sagen: Was der Bauer nicht kennt, frisst er nicht. Die Kapitalismus-Allergie der westlichen Intellektuellen hat eine ähnliche Ursache wie die antikapitalistischen Beschwörungen der Politik. Beide fürchten, Macht und Deutungshoheit in einer Welt zu verlieren, in der die Menschen selbstständig auf ihren Beinen stehen.

Aber wir sollten aufhören, dem Kapitalismus magische, übersinnliche Kräfte zuzuschreiben. Ärzte sind keine Wunderheiler, und wir sollten froh darüber sein, dass ihr Können nachvollziehbar ist. Wir können fordern, dass die Prozesse der Ökonomie verständlicher und verstehbarer werden. Eine Zivilgesellschaft lebt von einem hohen Maß an Zugriff auf Wissen, natürlich auch auf Expertenwissen. Wenn Bürger selbst mehr entscheiden wollen und sollen, dann brauchen sie auch zugänglichere Informationen.

Die wichtigste Eigenschaft im 21. Jahrhundert besteht darin, detailliertes Wissen und Know-how verständlich anzubieten. Zugänge und Zugriffe sind die Schlüsselbegriffe dieser Zeit.

Wir verlassen seit Jahren den historischen Korridor der Industriegesellschaft und wenden uns der Ökonomie des Wissens zu. Die wissensbasierte Dienstleistungsgesellschaft hat in allen Bereichen die Industrie als treibende Kraft der Wirtschaft abgelöst. In der Wissensgesellschaft wird die Spezialisierung weiter zunehmen. Damit aber nimmt die Notwendigkeit zu, komplexe Bereiche verständlich und nachvollziehbar zu machen. Die wichtigste Eigenschaft im 21. Jahrhundert besteht darin, detailliertes Wissen und Know-how verständlich anzubieten. Zugänge und Zugriffe sind die Schlüsselbegriffe dieser Zeit.

Vor diesem seit Jahren sich klar abzeichnenden Hintergrund agieren die meisten Betriebswirte und Nationalökonomen in einem einzigartigen Autismus. Je gespannter die Lage rund um das Wirtschaftsverständnis der Bürger wird, desto wurbeliger und merkwürdiger wird die Antwort der ökonomischen Experten darauf. Man lebt in unterschiedlichen Welten. Und das ist ein wesentliches Defizit auf dem Weg in eine emanzipierte Zukunft, in eine Zivilgesellschaft der materiell Mündigen. Ökonomen und Betriebswirte haben kein Grundrecht auf blindes Vertrauen. Vielleicht liegt es am Wettbewerb, dem sich die akademische Elite der Ökonomie im kontinentaleuropäischen Bereich kaum zu stellen hat. Dass viele Wirtschaftswissenschaftler mit dem Gegenstand ihrer Forschung so wenig zu tun haben wollen wie viele Konzernmanager, lässt sich kaum leugnen.

Aber das ist eben nur eine Seite. Selbst keineswegs systemkritische Intellektuelle drehen zügig ab, wenn man ihnen ein Grundverständnis kaufmännischer Angelegenheiten abverlangt.

Die einen halten Kapitalismus für eine Bedrohung, die anderen für zu kompliziert und langweilig, andere wiederum haben keine Lust, ihr Geheimwissen mit dem Volk zu teilen.

Die Ohnmacht und das Vertrauen

Niemand fordert blindes Vertrauen, im Gegenteil. Ökonomie muss nachvollziehbar sein. Sie muss zur Teilnahme auffordern, und nicht nur zur Teilhabe, wie dies in der Idee der Konsumgesellschaft der Fall ist, bei der die Rolle der Bürger die der passiven Verbraucher ist – ein Wort, das mehr über die dem heutigen Bürger zugeschriebene Unmündigkeit sagt als tausend Studien.

Niemand verlangt, dass der Kapitalismus dem dient, was wir nicht möchten. Wir können auch anders – das ist eine Verpflichtung, Ökonomie zu gestalten, so wie wir das für richtig halten. Es gibt deshalb keine zivilkapitalistische Doktrin außer dieser, dass möglichst freie Menschen ihre Welt gestalten. Der zivile Kapitalismus liefert, wie die Demokratie, die in der Zivilgesellschaft verfeinert wird, Lösungen für immer individuellere Bedürfnisse. Wir müssen lernen, zu entscheiden, was wir wollen. Wo wir uns nur von einem Kapitalismus von oben bedienen lassen, geschieht genau das gleiche wie in der Politik und anderswo: Wir werden versorgt, zu unmündigen, ohnmächtigen Empfängern. Diese Gefühle der Ohnmacht und der Wut, die dem Kapitalismus heute entgegentreten, sind sehr ähnlich den Gefühlen, die wir der Politik gegenüber haben, der Macht im Allgemeinen. Unser Unbehagen hat einen Grund, aber es ist nicht der, den man uns im Prozess weiszumachen versucht. Wir ärgern uns selbst über unsere eigene Unmündigkeit. Nie war Immanuel Kants Wort richtiger als heute: Aufklärung bedeutet den Mut, sich des eigenen Verstandes zu bedienen.

Nehmen wir das ruhig mal persönlich.

Für Leute, die sich gerne von anderen sagen lassen, was sie eigentlich wollen, ist das eine Zumutung – aber für aufgeklärte Menschen sind diese Leute eine Zumutung. Eine offene und freie Gesellschaft kann sich nicht an denen orientieren, die sich alles vorkauen lassen wollen, um bloß nicht selbst zu denken. Der alte Industriekapitalismus hat diesen Menschenschlag genauso gezüchtet wie die Religionen und Machtsysteme zuvor. Die nützlichen Idioten von gestern sind aber in einer Zivilgesellschaft kein Erfolgsmodell mehr. Es wird nicht reichen, dass man eine Anzahl leicht zu manipulierender Verbraucher, Wähler, Mitarbeiter »organisiert«. Diese Zeiten sind vorbei.

Das 21. Jahrhundert braucht selbstbewusste, autonome Menschen, die in der Lage sind, ihre eigenen Dinge zu regeln, und zwar ohne Vormund. Das setzt materielle Autonomie auf allen Ebenen voraus. Wer finanziell abhängig ist oder in Abhän-

> Nie war Immanuel Kants Wort richtiger als heute: Aufklärung bedeutet den Mut, sich des eigenen Verstandes zu bedienen. Nehmen wir das ruhig mal persönlich.

gigkeit gehalten wird, ist nicht Bürger der Zivilgesellschaft. Zivilkapitalismus ist nicht die Fortsetzung des alten Kapitalismus. Zivilkapitalismus ist ein Systemwechsel im eigentlichen Sinn: Er ist basisökonomisch und basisdemokratisch. Ein wirtschaftliches System, das im Gegensatz zur Demokratie steht, ist nicht zivilkapitalistisch.

Das Zeitalter des Neokollektivismus

Vor einem halben Jahrhundert noch waren mehr als die Hälfte der Bewohner dieser Erde Bürger von Staaten, die den Kapitalismus offensiv und ausdrücklich bekämpften. Der Kapitalismus war sogar die formale Ursache, dass es diese rote Hälfte der Welt überhaupt gab, denn der Kommunismus verstand sich immer in erster Linie als Reaktion auf die herrschende Wirtschaftsordnung. Das erklärt auch das eigentümliche Entweder-Oder-Denken, das seit jeher jede Diskussion über den Kapitalismus und seine Alternativen beherrscht.

Deshalb erscheinen uns Realitäten als Widerspruch. Ist nicht die Volksrepublik China die größte kapitalistische Weltmacht? Wird dort nicht die Demokratie unterdrückt? Beweist das nicht, dass der Kapitalismus keine Demokratie braucht? Sachte. Einem chinesischen Durchschnittsbürger geht es heute, unter den seit Ende der 1970er Jahre durch Deng Xiaoping eingeführten kapitalistischen Methoden, bei weitem besser als seinen Vorfahren im planwirtschaftlichen China. Das Pekinger KP-Regime, das auch heute noch laufend die Menschenrechte verletzt und für staatliche Repression und politische Willkür steht, ist aber auch nicht das China Maos und seines Terrors, vom »Großen Sprung nach vorn« bis zur »Kulturrevolution«. Was diese Zeit angeht, streiten die Experten noch, ob Mao bis zu 76 Millionen Menschen auf dem Gewissen hat, oder »nur«

60 Millionen. Zwischen 1959 und 1963 starben allein 10,7 Millionen Chinesen in Arbeitslagern. Wer diese Entwicklung nicht sehen will, verharmlost den Massenmord aus ideologischen Gründen.

Die Wohlstandsbasis, die der Kapitalismus in China wie auch in anderen ehemaligen Schwellen- und Entwicklungsländern bildet, macht kein Paradies auf Erden. Aber sie verbessert die Lage der meisten Menschen entscheidend.

Früher, als gar nichts besser war – vor dem Kapitalismus also –, war dies einmal das Hauptmotiv zum Handeln für die Anhänger des Trierer Philosophen Karl Marx, der für den größten aller Antikapitalisten gehalten wird. Doch der Kommunismus ist keineswegs der einzige Feind des Kapitalismus. Linke und rechte Ideologen haben ihre Weltbilder immer auf der uneingeschränkten, totalitären Machtausübung gebaut. Doch eine offene Gesellschaft und eine freie Ökonomie gehören zusammen.

Zivilgesellschaft und Zivilkapitalismus sind untrennbar miteinander verbunden, und sie haben einflussreiche Feinde, die sich auf eine alte Tradition von Macht und Angst berufen können. Das Ich, das Selbst, das Ego sei totalitär, sagen sie, die linken und rechten Konservativen unserer Tage. Das System mache sich auf, den Menschen selbst zu ersetzen. Ergibt das Sinn? Warum sollte der Kapitalismus seine Kunden aus dem Verkehr ziehen? Der Kapitalismus ist berechenbar. Er will seine Interessen wahren. Und seine Interessen bestehen recht eindeutig darin, etwas zu verkaufen. Tote Kunden kaufen nicht.

Verkaufen, das wollen aber auch Antikapitalisten. Sie verkaufen Angst und Unsicherheit. Je unwohler sich die Bürger in ihrer Haut fühlen, desto mehr »Schutz« kann man ihnen verkaufen. Das ist das Geschäftsmodell des Primats der Politik. Diese Form von Schutzgelderpressung ist längst

> Je unwohler sich die Bürger in ihrer Haut fühlen, desto mehr »Schutz« kann man ihnen verkaufen. Das ist das Geschäftsmodell des Primats der Politik.

zum Big Business geworden, das umso mehr blüht, je kleiner, je bedrohter sich der Mensch fühlt. Wir sollen uns ausgesetzt, der Komplexität nicht gewachsen fühlen. Nur dann sind wir im Sinne der Politik ein guter Wirt. Fühl dich klein, denn das macht uns groß.

Als Reaktion auf die Zumutungen der Freiheit, auf das Komplizierte einer vielfältigen Welt, ist eine machtvolle Schutzindustrie entstanden, die scheinbar Moral, Ordnung und Sicherheit bietet. Die neuverpackte, uralte Botschaft lautet: Du selbst bist nichts. Das Kollektiv ist alles.

Es ist zum geflügelten Wort wahrer Antikapitalisten geworden, dass das Ego, das Selbst, eine Gefahr sei. Man wolle nicht in einer Welt leben, in der der Einzelne auf sich selbst zurückgeworfen würde. Das sagen viele. Aber was heißt das eigentlich? Dass man sich selbst so unerträglich und fremd ist, dass man sich selbst auf gar keinen Fall begegnen möchte? Steckt hinter der neokollektivistischen Ideologie nicht auch der alte Selbsthass, den Leute pflegen, denen die eigene Gesellschaft unerträglich ist? Und sind das nicht auch genau die Leute, die Gemeinschaft immer nur abstrakt denken können – das »Wir« immer nur als ideologische Konstruktion verstehen? Sind das nicht die, die wir doch eigentlich gut kennen müssten, Menschen, die sich selbst nicht mögen – und die bei nächster Gelegenheit dann erklären, dass man eben auch in einer Gemeinschaft »Opfer« bringen müsse? Menschen, die den Kollektivismus aus Prinzip vor das Eigeninteresse stellen, haben etwas zu verbergen.

Liebe deinen Nächsten wie dich selbst? Angesichts der Persönlichkeitsbilder von Verschwörungstheoretikern, die meinen, der Kapitalismus wolle uns alle versklaven, ist das keine sehr heitere Perspektive.

Es ist eine neue Art der »Selbstlosen«, die hier antreten. Ihre Selbstvergessenheit ist keine Tugend, sondern eine Bedrohung.

Schuldgefühle in der Morgenröte
der Zivilgesellschaft

Die wechselhafte Geschichte des Kapitalismus war immer eine Auseinandersetzung zwischen alter Macht und den neuen Möglichkeiten des Individuums. Zum Kapitalismus gehört die Aufklärung, die Moderne, die Idee der Selbstbestimmung und des Individuums – das, was man lange Jahre unter Fortschritt verstand. Die Emanzipation der Aufklärung forderte immer auch persönliche Autonomie. Das »Wir« war keine erstrebenswerte Zukunft. Das hat nichts mit Egozentrik und mangelnder Empathie zu tun, wie immer behauptet wird. Selbst die Angehörigen der Eliten mussten sich bis zur Selbstverleugnung unterordnen, ihrem Amt, der Dynastie, dem Vorgesetzten, der Etikette. Was wir sehr umfänglich unter dem modischen Begriff des »Glücks« verstehen, ist nichts weiter als das Streben nach persönlicher Freiheit.

Dieser Bruch in der Menschheitsgeschichte – der zwischen der Unterwerfung in der Gruppe und der Selbstverwirklichung – ist sozusagen die große Szene, vor deren Hintergrund die Diskussionen über Kapitalismus, Politik, Zukunft und Ängste aller Art stattfinden. Man muss sich das, im Sinne Karl Kraus', als »Marstheater« vorstellen, in dem ein gewaltiges Stück Transformationsgeschichte aufgeführt wird. Für die einen sind es tatsächlich die »letzten Tage der Menschheit«, die da auf dem Programm stehen, für die anderen, die noch die Minderheit ausmachen, ist es der Anfang dessen, was man Unabhängigkeit nennt.

Es ist ein Kampf der Kulturen, der diesen Namen auch verdient. Jeder führt ihn auch gegen sich selbst. Wir sind zerrissen zwischen alten Werten und neuen Einsichten und Begehrlichkeiten. Die alte Moral warnt unermüdlich. Im Westen, der sich vom Materialismus des globalen Kapitalismus bedroht sieht und gleichsam auch seine Privilegien verliert, hat sich das Blatt in den letzten Jahrzehnten gewendet. War der Westen im 19.

und 20. Jahrhundert noch fortschritts-orientiert, ist er heute pessimistisch geworden. Schuld ist angeblich der Egoismus, der neben der Gier und der Komplexität als drittes Rad am Teufels-wagen des Kapitalismus gilt.

Man kann mit einem einfachen Ge-dankenexperiment für Klarheit sor-gen. Stellen wir uns einen Moment vor, wie wir einst von unseren Enkeln und Urenkeln gesehen werden. Das kann gar nicht gut gehen. Das Urteil der Nachwelt über uns ist praktisch schon gefällt: *Wir sind böse, denn wir hängen einem rücksichtslosen System an.* Seit wir vom Kapitalismus befallen sind, geht alles schief und den Bach runter. Wir beuten die Erde aus, kämpfen gegen die Natur, wenden uns gegen Gott und das Gute. Alles dreht sich nur ums Geld, der Mensch ist nichts wert, Konsum ist alles, Mitgefühl nichts. Wir machen uns zu Komplizen und Mittätern, ständig. *Wir sind schuld. Schuldig.*

Das ist so ziemlich das Gegenteil dessen, was die Fakten her-geben. Aber gerade deshalb müssen wir uns fragen, weshalb unsere Kinder mit diesem Unsinn schon im Kindergarten kon-frontiert werden – von wem und mit welcher Absicht? Eine Veränderung der Anklage im Prozess gegen den Kapitalismus bedarf dieses Zeugenaufrufs. Wer definiert das Bild vom Kapi-talismus eigentlich? Was ist Kapitalismus?

Was Kapitalismus eigentlich ist

Man hätte den Begriff des Zivilkapitalismus auch viel harmoni-scher formulieren können, so wie das heute üblich ist, vielleicht als »zivile Märkte« oder »Ökonomie der Person«. Aber das wäre

29

kontraproduktiv. Denn die sukzessive Verschleierung von Tatsachen durch die so moderne Harmoniesprache führt zum Gegenteil von Erkenntnisgewinn. Irgendwann werden die Dinge so lau, wie sie gesagt werden. Nein, Kapitalismus ist schon richtig – aber was ist das eigentlich? Marktwirtschaft? Gewinnstreben? Die Akkumulation, also Anhäufung, von Kapital? Wen rufen wir da als Angeklagten auf? Wie sieht er aus, und wie wird er sich zu den Vorwürfen äußern?

Der »Kapitalismus« selbst spricht nicht. Er hat auch, wie wir später noch sehen werden, kaum Anhänger in den eigenen Reihen.

Kapitalismus ist das, was in der angloamerikanischen Sozialwissenschaft ein »Essentially Contested Concept« genannt wird, ein Konzept und Wort, um dessen Sinn und Bedeutung gekämpft wird. Was man versteht, wenn man »Kapitalismus« hört, liegt in erster Linie daran, was man hören will – und wer es in welcher Tradition sagt.

Was man versteht, wenn man »Kapitalismus« hört, liegt in erster Linie daran, was man hören will – und wer es in welcher Tradition sagt.

Der Kapitalismus ist ein Werkzeug, wie der Hammer aus unserem Beispiel. Aber natürlich kann man mit einem Hammer auch Menschen umbringen. Im Namen des Kapitalismus werden Monopole errichtet und falsche Tatsachen verbreitet, es wird gelogen, betrogen und getrickst, es werden legitime Regierungen gestürzt und Menschen bestohlen und ermordet. Das hat aber mit der Funktion des Werkzeugs nichts zu tun. Man könnte alle Hämmer verbieten, und würde doch nur die niedrigsten und gemeinsten menschlichen Motive auf ein anderes Instrument umlenken. Wir aber sind fixiert auf das Schlechte, das Hämmer anrichten können.

Der Kapitalismus ist ein Werkzeug, keine Ideologie. Er ist kein Ersatz für Religion oder Weltanschauung. In seinem Werk *Die Dynamik des Kapitalismus,* einer Zusammenfassung einer zum Thema gehaltenen Vorlesung, hat der französische Historiker Fernand Braudel die wohl beste Definition des Kapitalismus geliefert. Er nannte ihn »eine Summe von Kniffen, Verfahren, Gewohnheiten und Leistungen«.

Diese Beschreibung ist deshalb so brillant, weil sie uns gleich zeigt, womit wir es eben *nicht* zu tun haben: Mit einem fertigen, kompakten Konzept, einem Feindbild, das sich so und nicht anders beschreiben lässt. Wer auch immer in der Geschichte des Kapitalismus versucht hat, sein Wesen zu bestimmen, ist gescheitert. Das ist, wie wenn man versucht, einen Pudding an die Wand zu nageln – auch dazu kann man gern einen Hammer nehmen. An der Viskosität des Puddings ändert das allerdings nichts. Wir können höchstens Merkmale untersuchen, die sich auf den Kapitalismus beziehen, und diese Erkenntnisse dabei genau und redlich von all den Dingen abgrenzen, die nicht originär mit ihm zu tun haben.

Was also ist eigentlich Kapitalismus? Was nicht?, so lautet die bessere Frage. Die Vereinten Nationen haben mehr als 750 Weltmärkte identifiziert, die sich deutlich voneinander unterscheiden in der Methode, wie sie ihren jeweiligen Kapitalismus anwenden. »Es gibt nicht einen Kapitalismus, es gibt viele, Kapitalismen sozusagen, also Varietäten, genau genommen so viele, wie es Wirtschaftskulturen gibt«, sagt der Wirtschaftshistoriker Werner Abelshauser.

Kapitalismus ist Vielfalt, nicht Einheit, und er braucht immer einen Rahmen aus Kultur, Interesse und Initiative, um sich zu entfalten. Der Kapitalismus genügt sich eben nicht selbst. Er ist kein Selbstzweck.

Seine Vorzüge stellt das System Kapitalismus immer nur im Verbund mit einer bestimmten Kultur her, auf die er aufsetzt.

Deshalb werden Diskussionen um den Kapitalismus auch sehr schnell zum Kulturkampf, in dem alte chauvinistische und archaische Feindbilder

Kapitalismus ist Vielfalt, nicht Einheit, und er braucht immer einen Rahmen aus Kultur, Interesse und Initiative, um sich zu entfalten. Der Kapitalismus genügt sich eben nicht selbst. Er ist kein Selbstzweck.

wiederauferstehen. Hinter der Globalisierungsangst steckt oft kaum verdeckte Fremdenfeindlichkeit und alter Rassismus, insbesondere wenn es um die Migration in einer globalen Wirtschaft geht, um Freihandel und Niederlassungsfreiheit. Man muss das wissen, um die Qualität aktueller Debatten einschätzen zu können.

Die Ängste, die rund um einen »informatischen Kapitalismus« geschürt werden, bauen fast wortgleich auf den Ängsten der Maschinenstürmer des 18. Jahrhunderts auf – und auf Science-Fiction-Filmen, in denen Roboter die Macht übernehmen. Die Maschinenangst steht im krassen Widerspruch zu den Fakten: Die Automation hat den Wohlstand erheblich vermehrt und Arbeitsplätze geschaffen. Doch der Mythos ist auch hier stärker als der Verstand.

Was in anderen Feldern zu Recht als kreationistischer Unsinn benannt werden würde, ist im Umgang mit der Ökonomie allerdings salonfähig: Es genügt, von der »Gier der Neoliberalen« zu reden, und schon glauben alle alles.

Der Golem, den Rabbi Löw einst in Prag erschaffen haben soll, ist ein festes Bild im Antikapitalismus geworden. Hier macht die alte Kultur eine Gesamtrechnung auf: Moderne plus Kapitalismus plus Technik gleich gottlose Unmoral. Angeblich fordern wir die Schöpfung heraus. Was in anderen Feldern zu Recht als kreationistischer Unsinn benannt werden würde, ist im Umgang mit der Ökonomie allerdings salonfähig: Es genügt, von der »Gier der Neoliberalen« zu reden, und schon glauben alle alles. Der Golem geht wieder um, und mit ihm der Aberglaube.

Die soziale Marktwirtschaft

Eine der 750 Varietäten des Kapitalismus ist besonders erfolgreich, auch und gerade in Zeiten der globalen Krisen. Es ist der Kapitalismus, auf den auch der Zivilkapitalismus baut: die von Ludwig Erhard nach dem Zweiten Weltkrieg installierte soziale Marktwirtschaft. Der vom französischen Wirtschaftswissenschaftler Michel Albert nach seinem ursprünglichen Entstehungsgebiet – der Bonner Republik – sogenannte »Rheinische Kapitalismus« kam in den 1990er Jahren kurz aus der Mode, hat aber sehr schnell wieder die Deutungshoheit in der praktischen Ökonomie erlangt. Er ist ein Modell des demokratischen Kapitalismus, der »Wohlstand für alle« bedeutete, wie Erhard es zu Recht versprach. Der »soziale Liberalismus«, der den deutschen Ökonomen Walter Eucken und Wilhelm Röpke vorschwebte, ist ein Kapitalismus zur Selbstverwirklichung und Freiheit, ein »Volkskapitalismus«, wie Erhard es auch nannte.

Die breite Teilhabe der Menschen an den Erträgen der freien Marktwirtschaft machte sie zu einer sozialen Marktwirtschaft. Zu einem Zivilkapitalismus, der dazu auch noch die persönliche Unabhängigkeit und Freiheit, die ökonomische Autonomie, bringt, wird dieser Kapitalismus dann, wenn möglichst viele in ihm eigenständig unternehmerisch denken und handeln – wenn also dem Prinzip der Teilhabe auch das Prinzip der Teilnahme folgt.

Diese Aufwertung ist zeitgemäß: Immer mehr Menschen sind mit ihrer Rolle als Konsumenten, als Endverbraucher, nicht zufrieden. Sie wollen mehr als nur Teilhabe am Konsum, sie wollen mitgestalten, selbst unternehmerisch denken und handeln. Als am Arbeitsmarkt gefragte Spezialisten sind sie längst schon Kapitalisten in eigener Sache, die sich immer besser darauf verstehen, ihre unverwechselbaren Fähigkeiten und Talente so gut wie möglich zu vermarkten. Darin erkennen immer mehr junge, gut ausgebildete Leute kein Problem, sondern eine neue

Normalität. Der Zivilkapitalismus beginnt also schon zu wirken. Menschen nehmen ihr Leben in die Hand und sind sich ihrer Fähigkeiten bewusst.

In der alten sozialen Marktwirtschaft fehlte diese breite Basis an Menschen, die sich nach Selbstverwirklichung, nach individuellem Lebensvollzug, sehnten. Teilhabe war noch genug, nach einem langen Krieg, Hungerjahren und einer gerade erst beginnenden Sättigung. Und vergessen wir nicht: In der gesamten Geschichte der Menschheit war Wahl und Entscheidung ein Minderheitenproblem. Die meisten litten Mangel. Überfluss war ihnen fremd. Darauf baut die gesamte Kultur- und Geistesgeschichte, der gesamte Olymp unseres Wissens, das wir neu auf den Prüfstand stellen müssen, nachdem der Kapitalismus unseren Wohlstand so hoch gesetzt hat.

Es geht um die Übung, mit Überflüssen richtig umzugehen und aus der Vielfalt die für uns besten Entscheidungen zu treffen. Das ist eine völlig ungeübte Kunst. Und das verändert alles.

Von Mangelwesen werden wir immer stärker zu Gestaltern.

Damit verliert übrigens auch der »Rheinische Kapitalismus« zwangsläufig einen Teil seines Erbguts, das der »koordinierenden Ökonomie«, bei der dem Staat die zentrale Rolle in der Kontrolle und Koordination der ökonomischen Prozesse seiner Bürger obliegt. Der soziale Kapitalismus tauscht seinen Vormund aus: Der Staat tritt zugunsten des Bürgers in den Hintergrund. Der Kapitalismus demokratisiert sich.

Zivilkapitalistische Ökonomie beruht zu einem größeren Teil auf der Eigeninitiative der Bürger, ihrer Selbstständigkeit und ihrem Interesse an der autonomen Regelung ihrer Lebensangelegenheiten. Die Ansprüche, die Bedürfnisse, werden komplexer. Deshalb muss sich auch der Kapitalismus, das sich ewig anpassende Instrument unternehmerischer

Gestaltung und Problemlösung, dieser Vielfalt, die von den Menschen gewollt ist, anpassen. Und das bedeutet offensichtlich eine Verschiebung von der auf Staat und Institutionen setzenden »koordinierten Ökonomie« hin zu einer liberaleren Marktwirtschaft.

Der Kapitalismus verbreitert sich, nicht nur global. Was uns als Krise des Kapitalismus erscheint, ist bloß eine Krise des zentralistischen, industriekapitalistischen Komplexes, der eng an die Geschicke der Finanzindustrie gebunden ist. Dieser Kapitalismus der großen Einheit war immer ein Staatskapitalismus, der genauer Abstimmung zwischen Politik, Konzernen, Interessensverbänden und Banken bedurfte. Der Industriekapitalismus hat seit dem 19. Jahrhundert das Aussehen unserer Staaten und Gesellschaften so nachhaltig geprägt, dass viele sich gar nicht vorstellen können, in einer anderen Kultur zu leben. Dennoch hat es diese Kontinentalverschiebung längst gegeben. Der Kapitalismus trauert darum nicht. Denn er kennt viele Varianten, Epochen und vor allen Dingen unsentimentale Veränderung, wenn die Funktion nicht mehr hergibt, was sie soll. Ein Werkzeug ist schließlich keine Heulsuse.

Was für die kapitalistische Organisation gilt, das Unternehmen, das der »schöpferischen Zerstörung« unterliegt, wie es der Ökonom Joseph A. Schumpeter genannt hat, gilt auch für den Kapitalismus selbst. Er erfindet sich immer wieder neu, er entwickelt ständig neue Varianten. Zerstörung bedeutet nicht Vernichtung – sie bedeutet schlicht Veränderung, und zwar zum Besseren.

Es gibt aber noch eine weitere Dimension. Dass sich bei uns der Kapitalismus verändert, bedeutet noch lange nicht, dass sich in anderen Kulturen und deren spezifischen Entwicklungsstadium Gleiches vollzieht – wie das in den vereinheitlichten Theorien des »globalen Kapitalismus« oder kompakter der »Globalisierung« vielfach gesehen wird. Ohne weiteres können regionale Kapitalismen (wie etwa der »Rheinische Kapitalismus«) im globalen Kontext mit einer Variante des Industriekapitalismus kooperieren, wie wir ihn in der Volksrepublik China erkennen können. Ein stark staatlich kontrollierter Kapitalismus wie in Japan ist durchaus mit anderen Kapitalismen kompatibel. Ein Marktplatz ist der Ort, an dem Menschen sich austauschen. Sie müssen einander verstehen, sie brauchen eine Konvention, nach der sie einander nützen können und sich austauschen, aber sie müssen nicht gleich sein, das schadet sogar. Wäre jemand, der zum Markt geht, denn daran interessiert, dass jemand ihm das Gleiche geben will, was er selbst zu tauschen bereit ist?

Die Legende vom Einheitskapitalismus verfolgt eher den Zweck, einen leicht nachvollziehbaren Sündenbock abzugeben, der sich leicht instrumentalisieren lässt. In den »Kapitalismus« lassen sich alle menschliche Untugenden reinpacken, die sich eben auch zeigen, wo Menschen einander begegnen: Neid, Eifersucht, Misstrauen, Herrschsucht und Lüge. All die Dinge, die heute in jedem Fernsehbericht über Banken, die Wall Street und Konzerne als vermeintlich »original kapitalistische Spezialität« ausgewiesen werden, beziehen sich auf recht allgemeine menschliche Schwächen.

Der gemeinsame Nenner des Kapitalismus

Der gemeinsame Nenner aller Kapitalismen ist das Unternehmerische. Selbst dort, wo es, wie im Industriekapitalismus, durch Verbände und Bürokratien kaum noch unternehmerische

Initiative gibt, ist das dennoch das konstituierende Merkmal, der Kern allen kapitalistischen Handelns. Schumpeters Idee, den Kapitalismus als Prozess der Innovation zu verstehen, ist deshalb so überzeugend wie unideologisch.

Wenn wir mit etwas Erfolg haben, neigen wir dazu, es zu erhalten – das gilt für Unternehmer ebenso wie für alle anderen Menschen. Damit aber werden wir zu Verwaltern. Und wenn das zum eigentlichen Hauptmotiv der Wirtschaft und Gesellschaft wird, dann sind die Probleme vorprogrammiert.

Schumpeters Prognose aus den späten 30er Jahren ist ebenso einleuchtend wie erschütternd: Je erfolgreicher der Kapitalismus als Wohlstandsmaschine funktioniert, desto mehr schafft er sich selbst ab, weil aus den Unternehmern allmählich Bürokraten werden, denen an Veränderung zum Wohlstand nicht mehr gelegen ist, aber dafür alles an der Wahrung ihrer Besitzstände. Die Anklageschrift im historischen Prozess gegen den Kapitalismus könnte also lauten: Der Kapitalismus schafft sich seine Totengräber selbst. Das hat auch Marx so gesagt, aber anders gemeint. Er ging davon aus, dass die Kapitalisten sich im Konkurrenzkampf gegenseitig erledigen würden. Doch der Kapitalismus, das erkannte Schumpeter, leidet an seinen Erfolgen.

Aber reicht das für eine Anklage? Nur dann, wenn man der Logik folgt, dass das Opfer selber schuld ist, wenn es so attraktiv ist.

Schließlich gibt es nur noch »Erben« unter den Wohlständigen, Leute, die ihren Anspruch auf Materielles nicht mehr aus dem Motiv der Teilnahme, sondern der Teilhabe ableiten. Die wenigen verbleibenden innovativen, also unternehmerischen Prozesse werden von immer mehr bürokratischen, also managementorientierten Bezugsberechtigten entwertet. Auf einen Kreativen kommen (mindestens) zehn Leute, die ihn irgendwie verwalten und organisieren. Das neue Trägheitsgesetz verschont niemanden, und unablässig erzeugt es neue Regeln und Normen und Vorschriften, die gar nicht vorrangig dem Verbot von etwas dienen, sondern der reinen Exekution um der Exekution willen, der Kontrolle, der großen Geisteskrankheit unserer Zeit. Das Resultat heißt Verwaltung als Selbstzweck – was sich schöner mit dem euphemistischen Begriff des Managements sagen lässt. Vergessen wir dabei aber nicht: Wo viele Beschränkungen sind, sind bald auch viele Beschränkte.

Kapitalismus im elementarsten Sinn ist unternehmerische Dynamik. Sie ist die Fähigkeit, die Verhältnisse nicht so zu lassen, wie sie sind. In diesem Sinne gilt: Marx und Engels waren Unternehmer, lupenreine Kapitalisten. Sie waren Agenten der Veränderung, und sie betrieben ihr Geschäft unter erheblichem persönlichen Risiko, aber mit ausgesprochen großem Selbstvertrauen. Ihr eingebrachtes geistiges Kapital erwies sich als eine sehr lohnende Ressource, auch wenn zumindest Marx davon zu Lebzeiten nicht wirklich profitierte. Aber von dieser realen Seite der Geschichte betrachtet ist er der Begründer einer bis heute nicht unerheblichen Moralindustrie, in der viele Millionen Menschen beschäftigt sind, die in Zeiten allgemeiner Unsicherheit stets alle Hände voll zu tun haben.

Kapitalismus oder Heldentod

Von Karl Marx stammt die Einsicht, dass das Geldverdienen des Geldverdienens wegen (die »Akkumulation der Akkumulation wegen«) schon beim alten Moses bekannt war. Die menschliche Sehnsucht nach mehr ist unbestreitbar, auch wenn sie immer zum moralischen Vorwurf gewendet wurde. Man kann bis heute hinter den Manövern und Unternehmern der Augsburger Fugger, der Medici, Sforza und Borgia in Florenz und Mailand den Geist des Kapitalismus erkennen.

Die großen Expeditionen Spaniens, Portugals und Venedigs, die Weltreisen Marco Polos, Vasco da Gamas und Christoph Kolumbus' wiederum waren offensichtlich kapitalistische Operationen, mit hohem Investitionsrisiko und einigem Gewinn, wie wir wissen. All das klingt abenteuerlich, aber das ist es nicht – nicht im Vergleich zu dem, was vorher *state of the art* war.

Der Kapitalist löst den Helden durch den Vernünftigen ab. Kapitalisten gehen ein Risiko ein, aber sie sind nicht irre. Als verrückt gilt zu Recht Cervantes' Don Quixote, der Ritter von der traurigen Gestalt, der gegen Windmühlen kämpft. Cervantes' Antikapitalist wird im Nachhinein romantisiert. Zu seinen Zeiten gilt die Figur zu Recht als Inbegriff des alten Trottels. So hat ihn Cervantes auch ganz unsentimental gedacht. Der Kapitalist, der Mensch der Moderne, wägt ab. Er rechnet, fordert genaue Uhren, einen Kompass, er lässt exakte Karten der Welt anlegen, er führt Aufzeichnungen und Journale, um den Dämon des Schicksals aus der Kulturgeschichte zu werfen. Und damit auch die Willkür, die das Leben der Menschen bestimmt.

Der Kapitalist ist gleichbedeutend mit dem modernen Menschen, der sich nicht zum Spielball der Götter macht, sondern sein Leben selbst in die Hand nimmt. Kapitalismus besteht aus kalkuliertem Risiko, auch aus Experiment, das nicht in Haudegentum besteht, sondern in maßvollem Abwägen bei der Innovation. Der Kapitalismus zockt nicht. Er ist nicht besoffen, er ist stocknüchtern. Das ist vielleicht langweilig. Aber eine Anklage kriegt man damit wohl kaum auf die Beine.

> **Der Kapitalist, der Mensch der Moderne, wägt ab. Er rechnet, fordert genaue Uhren, einen Kompass, er lässt exakte Karten der Welt anlegen, er führt Aufzeichnungen und Journale, um den Dämon des Schicksals aus der Kulturgeschichte zu werfen.**

Die Elenden

Das würde auch Karl Marx nicht reichen.

Dass viele von Marx' »Naturgesetzen« des Antikapitalismus nicht mehr als Wunschdenken waren, ist evident und wurde oft festgestellt. Aber er hat eben wie kein zweiter Denker viele Menschen dort abgeholt, wo sie sich im 19. Jahrhundert befanden – und wo sie ganz offensichtlich immer noch sind: Bei ihrer Angst vor der Vielfalt, dem Fremden, dem Ausgesetztsein in der Moderne. Ohne Zweifel ist Marx' Analyse des frühen Industriekapitalismus ein beeindruckendes historisches Dokument.

Die dazugehörigen Beobachtungen machte der Emigrant vorwiegend in England, dem damals am stärksten industrialisierten Land der Welt. Die Lebens- und Arbeitsbedingungen für Arbeiter in den Fabriken von Birmingham, Manchester und Liverpool, den Zentren der britischen Industrie, waren grauenerregend. Daran ist nichts zu beschönigen. Man war noch Jahrzehnte von einer grundlegenden Unfallversicherung für Arbeiter entfernt, einer auch nur spärlichen Versorgung für das Alter und im Fall schwerer Krankheiten. Kinderarbeit galt als selbstverständlich. Die Luft war erfüllt vom fahlen, gelblichen Miasma, der charakteristischen Smogwolke der frühen Industrie, von der Zeitgenossen meinten, sie würde Pest, Cholera und Wahnsinn verbreiten.

Marx kam aus dem beschaulichen Trier in diese Hölle. Wer in einem Industriemuseum unserer Tage jemals einen Dampfhammer in Aktion erlebt hat, wer jemals das wummernde Gewirr von schnelldrehenden Transmissionsriemen hörte und sah, der ist jenem schnaubenden Monster begegnet, das damals hinter Backsteinfassaden an jeder Ecke der Städte lauerte, die Marx und Engels in England besuchten. Dieses Tier schnaubt und hustet, es speit Feuer, es verschlingt die Menschen. Man muss nicht viel Fantasie haben, um selbst noch in einem Stahlwerk von heute die real existierende Apokalypse erkennen zu können. So sahen das die Menschen im 19. Jahrhundert auch.

Marx stolperte in diese Welt und sah das Elend des Fabrikproletariats, und mittendrin finden sich Kinder, die ausgemergelt und schmutzig in Fabriken schuften, die hungern und keinerlei Zukunft vor sich haben. Es gibt sie millionenfach, diese Cosettes, die Victor Hugo 1862 in *Die Elenden* (*Les Misérables*), dem sozialen Schlüsselroman des Industriekapitalismus, porträtiert. Das setzte Marx in Gang. Das lässt uns heute nicht kalt. Es empört uns – zu Recht.

Aber sehen wir nicht mehr als diesen Archetyp des Antikapitalismus? Wir fragen nicht, was sonst noch geschah, wie sich alles entwickelte, wie es wurde, was es ist.

Denn gerade in der Zeit, in der Marx und Engels, Hugo und unzählige andere das Elend des Kapitalismus beschreiben und anprangern, verändern sich die Lebensumstände für die Menschheit. Seit Mitte des 19. Jahrhunderts nimmt die Lebenswartung der Bewohner in den kapitalistischen Ländern konstant zu. Als das *Kommunistische Manifest* im Jahr 1848 erschien, lag die Lebenserwartung eines männlichen Westeuropäers bei knapp 34 Jahren, Frauen wurden durchschnittlich 37 Jahre alt.

Je globaler der Kapitalismus agiert, desto älter werden die Leute. In den wenigen verbliebenen Diktaturen ohne Marktwirtschaft hingegen stirbt man deutlich früher: Zwischen zehn und zwanzig Jahre früher als beim »Klassenfeind«.

Heute liegt die durchschnittliche Lebenserwartung in den kapitalistischen Staaten Westeuropas, Nord- und Südamerikas, der ebenfalls marktwirtschaftlich orientierten Nationen des Nahen und Mittleren Ostens, Australiens und der Volksrepublik China zwischen 72 und 82 Jahren, bei steigender Tendenz. Je globaler der Kapitalismus agiert, desto älter werden die Leute. In den wenigen verbliebenen Diktaturen ohne Marktwirtschaft hingegen stirbt man deutlich früher: Zwischen zehn und zwanzig Jahre früher als beim »Klassenfeind«.

Man lebt länger im Kapitalismus, und besser obendrein. Eine andere Rechnung hat bereits im Jahr 2001 die Organisation für Wirtschaftliche Zusammenarbeit und Entwicklung (OECD) aufgemacht: Dabei wurde in einer großangelegten Studie die Leistung des Kapitalismus nüchtern bilanziert. Man verglich darin alle verfügbaren volkswirtschaftlichen Daten über eine Zeitspanne von 1000 Jahren. Über diesen Zeitraum weiß man einigermaßen gut Bescheid, Grund-, Tauf- und Kirchenbücher, Steueraufzeichnungen und zeitgenössische Berichte liegen in ausreichendem Maße vor. So können die Forscher feststellen, mit wie viel Geld und Waren – umgerechnet auf den Gegenwert des US-Dollars von heute – Menschen vor einem Jahrtausend auskommen mussten – und in den Jahrhunderten seither. Die Zentren des Handels lagen dabei vor 1000 Jahren noch in Asien – wohin sie übrigens dank Kapitalismus heute wieder zurückkehren.

Im Jahr 1000 nach Christus verfügte eine Person in Asien über ein jährliches Pro-Kopf-Einkommen, das nach dem Stand des Jahres 2000 einem Wert von 450 US-Dollar entspricht. Ein Afrikaner verfügte in dieser Zeit über 416 US-Dollar, also etwas weniger. Das Schlusslicht in diesem Vergleich bilden die Westeuropäer, die sich im finsteren Mittelalter befinden. Hier liegt das Durchschnittseinkommen bei einem Gegenwert von 400 US-Dollar.

Ein Jahrtausend später hat sich das verfügbare Einkommen eines Afrikaners gerade mal verdreifacht, so die OECD-Statistik. In Westeuropa aber ist das Pro-Kopf Einkommen auf das 44fache gestiegen, auf 18 000 Dollar im Jahr 2000. Diese Entwicklung ging aber keineswegs kontinuierlich vor sich, sondern gleicht, gemessen am untersuchten Gesamtzeitraum, eher einer Explosion. Bis zum Beginn der industriellen Revolution betrug nämlich das durchschnittliche jährliche Wachstum in Westeuropa nur 0,1 Prozent. Bis zum Eintritt des industriellen Kapitalismus also war »der Normalzustand die Stagnation: eine fast stationäre Wirtschaft«, wie es der Berliner Sozialwissenschaftler Hans

Peter Müller beschreibt. Der große, gewaltige Sprung nach vorn entstand durch und im Kapitalismus. Allein in Deutschland beträgt das durchschnittliche jährliche Wachstum zwischen 1870 und 1989 – also dem Jahr der Gründung des zweiten deutschen Kaiserreichs als Folge der industriellen Erfolge bis zur deutsch-deutschen Wiedervereinigung – zwei Prozent. Dabei sind immer wieder Rückschläge und Krisen zu verzeichnen, die aber das Gesamtbild nicht beeinflussen können. Trotz aller Umbrüche verdoppelt sich in dieser Zeit des industriellen Kapitalismus alle drei Jahrzehnte das Wohlstandsvolumen.

Die Pubertät der Aufklärung

Doch zweifelsohne kommt die Statistik gegen die Gefühle nicht so recht an – und damit auch das Nüchterne nicht gegen das Besoffene, Metaphysische, Schicksalshafte und Rückwärtsgewandte, das dem Kapitalismus zum neuen Sündenbock aller Probleme der Menschheit macht. Es ist das Echo alter Tage. Das Marstheater eben, in dem wir uns vor den Möglichkeiten der Moderne fürchten. Die alte Welt war Schicksal, Willkür, brutal – aber einfach zu verstehen.

Religionen, Glaube, Schicksal und Vorsehung, das sind die sicheren Rahmen, denen die Menschen nachtrauern. Das tun auch heute noch viele. Denn die alten Zeiten, in denen es ein klares Oben und Unten gab, waren auch Zeiten, in denen einem gesagt wurde, wo es langgeht. Es ist eben auch bequem, Untertan zu sein, ein Mündel – so wie es durchaus anstrengend sein kann, die Rolle des Vormunds zu übernehmen, eine Pflicht, wie nicht nur der alte Adel meinte, sondern auch die höchst bürgerliche

Die alten Zeiten, in denen es ein klares Oben und Unten gab, waren auch Zeiten, in denen einem gesagt wurde, wo es langgeht.

Sozialwissenschaft: Der Soziologe Dirk Baecker hat in seinem Artikel »Wozu Eliten?« geschrieben: »Wer immer es gewagt haben mag, als Erster einen Befehl auszusprechen (...) muss eine erschütternde Entdeckung gemacht haben: die Freiheit seines Gegenübers, den Befehl zu befolgen oder auch nicht zu befolgen.« Viele entscheiden sich aber, dem Befehl zu folgen, weil es leichter ist. Sie legen anderen ihr eigenes Leben zu Füßen.

Marx dachte im Zeitgeist seiner Ära, der deutschen Romantik. Das ist die Leitkultur des späten 18. und 19. Jahrhunderts. Das Romantische ist eine Sehnsucht nach einem Ziel, das unerreichbar bleibt. In Friedrich Schlegels *Athenäums-Fragment* über die romantische Dichtung lesen wir,»daß sie ewig nur werden, nie vollendet sein kann. Sie kann durch keine Theorie erschöpft werden«.

Es ist das Zeitalter der »blauen Blume«, die man niemals findet. Ein idealistisches Zeitalter, und dazu gehört eine intensive Politik der Gefühle, der Extreme, der Übertreibungen. Marx macht aus dem Elend der Proletarier das größtmögliche Unglück – und verharmlost das um nichts bessere Landleben, das die Ursache dafür ist, dass die Taglöhner in endlosen Strömen in die Fabriken ziehen. Früher, so klingt es durch, war vieles besser. Die Romantik liebt das Mittelalter, weil ihre Protagonisten nichts über das Mittelalter wissen. Bis heute zieht diese Zeit das Interesse von Modernisierungsängstlichen auf sich. Sie schaffen sich eine Welt des Untadeligen und Guten, die es nie gab. Das machten später auch die Nazis gern, die auf den Mittelalterkult der Romantik aufsetzten. Und sie verklärten die Natur, im Gefolge des Genfer Philosophen Jean-Jacques Rousseau, der sie als idealistisches Paradies interpretierte. Doch das war eine Lüge. Die Natur war keineswegs der Freund der Menschen. Die Natur brachte die Menschen reihenweise um. Das war die gute alte Zeit.

Die Natur war keineswegs der Freund der Menschen. Die Natur brachte die Menschen reihenweise um. Das war die gute alte Zeit.

Natur und Mittelalter sind bis heute eine ideale Projektionsfläche für Realitätsflüchtlinge aller Art geblieben. Hier fantasiert man sich eine Ordnung, die man für natürlich hält. Alles ist besser als das Ergebnisoffene der Moderne, das der Kapitalismus so deutlich macht.

Viele haben das Untertanentum immer der Unberechenbarkeit vorgezogen. Diese Welt lebt auch Karl Marx.

Er konnte aber auch ganz anders. Er sah das Potenzial der neuen Ökonomie, ihre Kraft, das Elend zu beseitigen. Ohne diese Einsicht macht der Kommunismus gar keinen Sinn. Der Beweis dafür ist das *Manifest der Kommunistischen Partei* selbst, das 1848 erschien.

Hier lesen wir, wie sehr Marx und Engels davon überzeugt waren, dass der Industriekapitalismus und die dahintersteckende Klasse der bürgerlichen Industriekapitalisten die »Verhältnisse auf den Kopf stellen« würden. Joseph A. Schumpeter hat in seinem Meisterwerk *Kapitalismus, Sozialismus und Demokratie* diese Einsicht von Marx ausdrücklich gewürdigt. Es finde sich »kein besseres Zeugnis für die Offenheit seines Geistes« als »das *Kommunistische Manifest*, das eine geradezu begeisterte Darstellung der Leistungen des Kapitalismus gibt, und noch indem er [Marx] pro futuro das Todesurteil über ihn aussprach, unterließ er es nie, seine historische Notwendigkeit anzuerkennen«. Und dann zählt Schumpeter auf, was Marx am Kapitalismus und seiner Bourgeoisie so begeisterte: »Sie hat ganz andere Wunderwerke vollbracht als ägyptische Pyramiden, römische Wasserleitungen und gotische Kathedralen [...] Die Bourgeoisie hat in ihrer kaum hundertjährigen Klassenherrschaft massenhaftere und kolossalere Produktionskräfte geschaffen als alle vergangenen Generationen zusammen.« Das Kapital und seine Klasse, die Bourgeoisie, kann Folgendes: »Alle festen eingerosteten Verhältnisse mit ihrem Gefolge von altehrwürdigen Vorstellungen und Anschauungen werden aufgelöst, alle neugebildeten veralten, ehe sie verknöchern können. Alles Ständische und Stehende verdampft, alles Heilige wird entweiht, und die Menschen sind endlich gezwungen, ihre Lebensstellung mit nüchternen Augen anzusehen.« Dabei jagt, wie Marx und Engels es nennen, die Bourgeoisie »über die ganze Erdkugel. Überall muß sie sich einnisten, überall anbauen, überall Verbindungen herstellen«.

Das ist Globalisierung.

Marx' Vorstellung ist allerdings, dass sich das Kapital bei dieser wilden Hatz über den Planeten bald selbst ein Bein stellt, sich die Kapitalisten in eine derart wilde Konkurrenz begeben, dass alles zusammenbricht. Tatsächlich scheint es noch zu Lebzeiten Marx' so zu kommen, als sich 1873 der erste große Börsenkrach des Industriekapitalismus ereignet. Krisen? Ja. Immer wieder. Doch keine davon endet mit Millionen Toten und gewaltigen Katastrophen, wie das bei politischen und religiösen Krisen der Fall ist. Der Kapitalismus schüttelt sich, steht auf – und macht weiter, wobei er mehr Gewinne generiert und Wohlstand schafft als in der Periode zuvor. Es folgt das, was wir Gründerzeit nennen, eine Epoche, in der sich die hohe Innovationsdichte der vorangegangenen Jahrzehnte nochmals deutlich verstärkt. All das ist logisch. Die Methode wird verfeinert. Der nüchterne Kapitalismus lernt aus seinen Fehlern. Er reduziert die Anzahl gefährlicher Fehler. Er ist nicht unfehlbar, aber er verbessert sich.

Das gilt sogar unter Bedingungen, wo der Kapitalismus nicht mehr erlaubt ist.

Selbst in der Sowjetunion gab es einen blühenden Kapitalismus in der Schattenwirtschaft, deren Größenordnung man nicht unterschätzen sollte. Dort herrschten Angebot und Nachfrage im freiesten Sinn. Auch dort, wo unternehmerische

46

Initiative durch vermeintlich lückenlose Kontrollen reguliert wird, lässt sich das kapitalistische Momentum nicht unterdrücken.

Nach Studien des Ökonomen Friedrich Schneider, der als graue Eminenz der Schwarzarbeitsforschung gilt, nimmt mit dem Umfang staatlicher Regulierungen auch die Schattenwirtschaft zu. Nach vorne hin wird das Lied vom bösen Neoliberalismus gesungen, hintenrum – also am Feierabend oder am Wochenende – wird schwarz gearbeitet. Wer sich »auf Arbeit« über Steueroasen und Schlupflöcher empört, zieht nicht selten in seiner Freizeit den Blaumann über, um zum Ich-Unternehmer zu werden – steuerfrei, versteht sich. Liechtenstein? Luxemburg? Die Schweiz? Die Bahamas? Das sind Ablenkungsmanöver. Die Steueroasen liegen ganz woanders.

Nach vorne hin wird das Lied vom bösen Neoliberalismus gesungen, hintenrum – also am Feierabend oder am Wochenende – wird schwarz gearbeitet.

Noch im Jahr 1970, bei wesentlich weniger Regulierung, lag der Schwarzarbeitsanteil, die Schattenwirtschaft, am deutschen Bruttoinlandsprodukt bei weniger als drei Prozent. In den 1990er Jahren lag der Anteil aber bereits bei 12 Prozent des BIP, und im Jahr 2003 bei erheblichen 17,1 Prozent. Nach den letzten Zahlen liegt die Quote bei 14 Prozent, das entspricht 350 Milliarden Euro Umsatz in der Schattenwirtschaft. In den OECD-Staaten liegt der Anteil bei durchschnittlich 16 Prozent des BIP.

Ist das Steuergerechtigkeit?

In Griechenland vermuten die Schattenwirtschaftsforscher einen Anteil von bis zu 40 Prozent Schwarzarbeit am BIP, was ebenso wie für Spanien (geschätzte 20 Prozent) und auch Italien (23,2 Prozent) doch einiges am Zustand des Haushalts erklärt. Man

Schwarzarbeiter sind Volkskapitalisten, Zivilkapitalisten der ersten Stunde, die es sich ungeachtet der ideologischen Appelle des Staates nicht nehmen lassen, auf eigene Rechnung und Gefahr zu arbeiten.

kann das, wie es bei uns seit einigen Jahren geschieht, diffus dem »Kapitalismus« in die Schuhe schieben.

Das stimmt nur auf eine sehr ironische Art und Weise: Schwarzarbeiter sind Volkskapitalisten, Zivilkapitalisten der ersten Stunde, die es sich ungeachtet der ideologischen Appelle des Staates nicht nehmen lassen, auf eigene Rechnung und Gefahr zu arbeiten.

Der Staat ist die Ursache für dieses Verhalten. Die Schattenwirtschaft ist ein klarer Indikator für die Überbürokratisierung von Gemeinschaften. Ein Untergrund-Zivilkapitalismus entsteht. Ob es uns moralisch passt oder nicht: Das ist auch Notwehr. Die Schwarzarbeiter sind Wirtschaftsflüchtlinge im eigenen Land.

Die Inumeranten

Kehren wir zurück in die Tage des frühen Industriekapitalismus, jener Kultur also, in der wir uns bis heute befinden. Als Marx und Engels ihr *Kommunistisches Manifest* schrieben, war dieses System bereits unbestritten an der Macht. Die Industrie – *industria* bedeutet im Lateinischen so viel wie Eifer, Fleiß und Einsatz – war unermüdlich. Wer ihr nicht folgte, fiel aus dem Rahmen. Deutschland folgt der Industrie bald bedingungslos. Aus einem Haufen zerstrittener Kleinstaaten einigt Preußen, das den Industriekapitalismus vorantreibt, das ganze Land.

Im letzten Drittel des 19. Jahrhunderts überholt Deutschland auch Großbritannien – das Tempo der Umwälzung ist ungeheuer groß. Was man Deutschland nennt, definiert sich letztlich in diesem neuen »Fleiß«. Die Industrieidee ist der Nukleus des Landes. Kultur, Politik, Wirtschaft, Kapitalismus und Antikapitalismus – alles baut auf dieser industriellen Kultur auf.

Diesen Komplex wird der Soziologe Max Weber in seinem Meisterwerk *Die protestantische Ethik oder der Geist des Kapitalismus* das »stahlharte Gehäuse« nennen.

Die meisten Menschen kennen das Gehäuse von innen: Es ist blickdicht, und seine Innenwände sehen aus wie die Normalität. Doch das liegt nur daran, dass die Insassen des stahlharten Gehäuses die Codes nicht kennen, mit denen man das Behältnis öffnen kann. Oder genauer gesagt: Nicht kennen wollen. Trottel im stahlharten Gehäuse.

Analphabeten sind Menschen, die nicht lesen und schreiben können. Inumeranten sind Menschen, die mit Zahlen nichts anfangen können. Analphabeten ist der Aufstieg zu Macht und Einfluss verwehrt. Als Inumerant fällt man nicht weiter auf.

Wer nicht lesen und schreiben kann, der verdient unser Mitleid, wer nicht rechnen will oder sich ökonomisches Wissen nicht aneignen mag, kann ohne weiteres in den Reihen der gesellschaftlichen Elite ganz nach oben geraten.

Eines der Probleme bei der sachlichen Entwicklung eines neuen Kapitalismus besteht ohne Zweifel darin, dass die meisten Leute schon den alten nicht verstanden haben. Sonst würden sie bemerken, dass der Industriekapitalismus sich überlebt hat. Seit den 1970er Jahren haben die wissensbasierten Dienstleistungen den Industriekapitalismus auch in Deutschland wertmäßig überholt. Wir erarbeiten eine Wissensgesellschaft, in der sich die Zivilgesellschaft und die Individualität entfalten. Wissen ist aber etwas grundlegend anderes als Kohle, Stahl und Dampfmaschinen. Doch an der

Analphabeten sind Menschen, die nicht lesen und schreiben können. Inumeranten sind Menschen, die mit Zahlen nichts anfangen können. Analphabeten ist der Aufstieg zu Macht und Einfluss verwehrt. Als Inumerant fällt man nicht weiter auf.

Wir erarbeiten eine Wissensgesellschaft, in der sich die Zivilgesellschaft und die Individualität entfalten. Wissen ist aber etwas grundlegend anderes als Kohle, Stahl und Dampfmaschinen.

industriekapitalistischen Logik von Gestern klammern viele, Vertreter und Kritiker der alten Ordnung, vereint im stahlharten Gehäuse. Industriekapitalismus und Industrie-Antikapitalismus, also die klassische Schwarz-Weiß-Variante, reagieren in einem geschlossenen Glaubenssystem. Es ist Teil des stahlharten Gehäuses.

In seinem Buch *Die Macht der Dummheit* aus dem Jahr 1985 hat der französische Philosoph André Glucksmann darauf hingewiesen, wie es in den Behältnissen zugeht: »Der Nomenklatur der Dummen ist nichts unmöglich, also gibt es das Unmögliche an sich nicht, also besteht eine (vorhersehbare) Harmonie zwischen dem, was der Trottel erwartet, und dem, was eintritt.« Für Idioten hängt stets alles mit allem zusammen, die Finanzkrise mit vorherigen Absprachen in geheimbündlerischen Organisationen zum Beispiel. Alles ist stets »systematisch«, »geplant«, »gewollt«, »absichtlich«. Aus dem Ordnungssystem der industriellen Logik heraus ist die Dummheit in Glucksmanns Sinn logisch, einfach weil sie »bis ins Unendliche ordnen und klassifizieren [kann], ohne in ihrem Tun je auf Grenzen zu stoßen. Grundvoraussetzung dafür ist, dass die einfache Syntax, die sie benutzt, ein Formulieren dieser Grenzen nicht zulässt«.

Das ist die wissenschaftliche Definition von »unendlich dumm«. Und wir erkennen sie hier wieder, die Zehn-Punkte-Programme gegen die Krise, die politischen Erklärungen der Regierungen, die zuerst die Eurokrise auslösen, um sich dann als Retter in der Not zu empfehlen. Wir sehen unendlich viele Medienberichte, in denen statt klarer Analyse moralinsaure Verschwörungstheorien aufgetischt wurden. Zahlen, Rankings, Werte tun so, als ob all das echt wäre. Sie erfüllen aber nur die Funktion liturgischer Gegenstände in einer Messe, die den »wahren Glauben« repräsentieren sollen. Das genügt. Über den Glauben selbst wird nicht verhandelt.

Trottel diskutieren nicht. Sie sagen: »Man weiß ja.«

Übrigens hat dieser Alltagsidiotismus nichts mit formalen Abschlüssen zu tun.

Klar erkannt hat das der französische Résistance-Kämpfer und Soziologe Raymond Aron, ein Freund und Weggefährte Albert Camus'. Aron hielt schon in den Nachkriegsjahren fest, »dass die europäischen Intellektuellen ihren Antikapitalismus als Glaubensbekenntnis angenommen haben«. Sie hätten ganz offensichtlich keinerlei Interesse und Lust festzustellen, was man mit dem Kapitalismus gesellschaftlich anfangen könnte, denn das, so Aron, zwänge sie ja, »die emotionale wie auch philosophische Basis ihres Glaubens aufzugeben«. Und weiter: »Nichts irritiert die Intellektuellen mehr, als ihre Grundannahmen infrage zu stellen; niemand sieht es gern, wenn er aufgefordert wird, mit seinem Denken noch mal ganz von vorn anzufangen. Ihre Grundannahme lautet, dass der Kapitalismus schlecht ist; nehmen Sie ihnen das weg, und sie wissen nicht mehr weiter. Deshalb weigern sie sich vorsorglich, diese Frage überhaupt zu debattieren.«

Das ist ein generelles Problem des geistigen Diskurses. Es gibt Vorwürfe und »Haltungen«, die eigentlich »Stellungen« heißen sollten, denn sie werden wie Brückenköpfe verteidigt. Es fehlt an einem fundierten Streit über eine neue, zeitgemäße Form der Ökonomie. Wo man auch hinsieht, sind sich träge Antikapitalisten in ihrer larmoyanten Ablehnung des Systems so schnell einig, dass erst gar nicht darüber geredet werden muss, was konkret anders gemacht werden könnte. Das ist eine Verhinderungsstrategie mit Methode. Man erspart sich den mühsamen Streit. Der Mainstream ist gemütlicher.

Es geht um Verhandeln, um Reden, um Fragen. Kapitalismus setzt voraus, dass man vom anderen etwas wissen will – denn sonst kann man ihm nichts anbieten. Jeder Akt des Tausches, der Verhandlung, lange bevor das Eigentum ins Spiel kommt, ist ein kommunikativer Akt.

> **Wo man auch hinsieht, sind sich träge Antikapitalisten in ihrer larmoyanten Ablehnung des Systems so schnell einig, dass erst gar nicht darüber geredet werden muss, was konkret anders gemacht werden könnte.**

Aber was, wenn man nichts zu sagen hat? Wirtschaft als Sozialwissenschaft, das heißt ja auch, dass man Wirtschaft nicht verstehen kann, wenn man die Gesellschaft nicht verstehen will – und umgekehrt. Reden wir nicht längst aneinander vorbei? Werden Werbung und Marketing nicht immer wirkungsloser? Und hören Politiker den Bürgern wirklich zu?

Jede Transformation besteht im Wesentlichen darin, dass sich nicht nur die technischen und methodischen Gegebenheiten ändern, unter denen Menschen leben, sondern vor allen Dingen ihre Standpunkte, ihre Sichtweise, ihre Einstellungen. Veränderungen kann man nicht verhindern, aber man kann sie verzögern. Man stiehlt dabei aber Menschen, die von ihnen profitieren würden, Lebenszeit. Das ist kein Kavaliersdelikt.

Es ist beispielsweise erstaunlich, wie viele Manager und Betriebswirte, also Fachleute im besten Sinne, die Transformation von einer Industriegesellschaft zu einer Wissensgesellschaft nicht registriert haben.

Die industriekapitalistische Kultur ist in allem, was wir tun und denken, selbst in Dingen, die wir nicht einmal im Traum mit Fabriken verbinden würden. Aber wie genau haben wir schon einmal nachgesehen, welche Ähnlichkeiten zwischen Schulen und Fabriken herrschen?

Schulen sind aber Fabriken – sie sollen große Mengen an Menschen kompatibel machen für die industrielle Produktion, den normierten Fabrikalltag, der keine Abweichungen kennt. Die preußischen Studienräte des frühen 19. Jahrhunderts haben das zu einem weltweiten Exportschlager gemacht – in bester Absicht, denn Preußen war modern, ein Vorreiter der Industrialisierung, und in Sachen Disziplinierung schon damals weltweit angesehen. Die Schulglocke ist ein Relikt dieses Denkens. Sie soll die

Kinder an die Fabrikglocke gewöhnen – die später durch Dampf-
pfeifen und Sirenen ersetzt wurde.

Abrichtung und Dressur ist eine industriekapitalistische
Grundtugend. Aus dem Industriekapitalismus haben wir bis
heute einen starren Arbeitstag übernommen, dessen drei mal
acht Stunden – Schlaf, Arbeit, Freizeit zur Erholung für die Arbeit – bis heute als normal, manchen sogar als »natürlich« gelten. Das sorgt für enorme Kosten bei der Verkehrsinfrastruktur,
die die Spitzen der *rush hours* bewältigen muss – statt Arbeit so
zu organisieren, dass man nicht sinnlose Mobilität zwischen Arbeitsplatz und Wohnung generiert. Wir tun das, weil es zu unserer Kultur gehört – und Kultur misst sich nicht an dem, was man
bewusst tut, sondern an dem, was man für normal hält. In diesem Sinne dachte Niklas Luhmann seine Feststellung, dass Kultur das sei, was zwischen uns und der Veränderung stehe.

Gelegentlich mag man zwar den Zusammenhang zwischen
dem eigenen Wohlstand und dem schnöden System erkennen,
doch kann man sich vorstellen, dass derlei in Kindergärten und
Schulen gelehrt wird? Glaubt wirklich jemand, dass Lehrer und
staatliche Erzieher junge Menschen zu ökonomisch Wissenden
erziehen, die ihre eigene Ökonomie im Griff haben und deshalb
zum Gemeinwohl weit mehr beitragen können als all jene, die
dazu nicht in der Lage sind? Glaubt ernsthaft jemand, dass die
Kultur im wohlhabenden Speckgürtel Westeuropas dazu ange-
tan ist, unternehmerische, aufbrechende Menschen zu motivie-
ren? Das ist weder Staatsziel noch Ziel der gemeinsamen Politik
der Europäischen Union. Das Ziel lautet im schnoddrigen Amts-
deutsch, so viele »unselbstständig Erwerbstätige« wie nur möglich hervorzubringen, Zahlvolk für ein überkommenes System,
das im und für das 19. Jahrhundert geschaffen wurde. Das Prinzip der Zivilgesellschaft aber ist die Selbstständigkeit. Wer die
zunehmende Handlungsfreiheit der Bürger beschränkt oder bezweifelt, der stellt sich auch gegen diese Zivilgesellschaft. Wer
Verbote und Beschränkungen für ein zentrales Mittel von Politik
hält, stellt sich gegen diese Zivilgesellschaft. Politische Freiheit

ist die Freiheit, etwas zu unternehmen, also zu handeln – und damit am Geschäftsmodell von Politik und Konzernmacht gleichermaßen zu kratzen. Denn die alten Machtinstitutionen ließen ihren Kunden und Käufern nie die Wahl, sondern stellten sie stets vor vollendete Tatsachen. Die Zivilgesellschaft beruht aber auf Entscheidungs- und Handlungsfreiheit. Abhängigkeit ist kein Geschäftsmodell mehr.

Freiheit

Immer mehr gut Ausgebildete, Informierte, Selbstbewusste entscheiden sich gegen die Fürsorglichkeit, gegen das Leben in der Erziehergesellschaft. Sie verteidigen ihre Freiheit.

Bei der Verteidigung der Freiheit, so hat es der Ökonom Friedrich von Hayek gelehrt, gibt es »keine Zweckmäßigkeitserwägungen« – Freiheit ist das einzige, das wir »unbeugsam, dogmatisch und doktrinär« verteidigen müssen. Auch das gehört zur Grundhaltung der Zivilgesellschaft. Es ist wenig sinnvoll, mehr Autonomie und Entscheidungsfähigkeit zu fordern, wenn man nicht bereit ist, dafür mehr zu geben als ein bisschen Engagement und ein paar gute Worte. Davon, dass der Mensch im Mittelpunkt steht, wird heute viel geredet. Doch das im neuen Managementsprech beliebte Wort »Freiraum« ist meist nur eine Ausflucht. Der Wirtschaftsethiker Rupert Lay hat in seinem Buch *Kommunikation für Manager* folgenden Satz geschrieben: »Wir leben in einer Zeit unverantworteten Geschwätzes.« Bei anderer Gelegenheit hat Lay darauf hingewiesen, »dass das Reden von Freiheit anstatt des Gebens von Freiräumen [...] ein beliebiges Manipulationsinstrument pseudodemokratischer Diktaturen« sei. Mit inflationärem Freiheitsgeschwätz lässt sich alles legitimieren, einschließlich härterer Gesetze, Regeln und Ausgangssperren – schließlich muss man ja die Freiheit auch schützen, nicht wahr? Was dabei herauskommt, ist allerdings nichts anderes als eine subtile Form der Freiheitsberaubung.

Lassen wir uns kein X für ein U vormachen. Solange ein Mensch materiell abhängig ist, kann er sich das Gerede von der Freiheit an den Hut stecken. Auch wer am Tropf sozialer Zuwendungen hängt, ist nicht unabhängig. Sozialhilfe macht abhängig. Ein beliebtes, aber dabei eben immer »beliebiges Manipulationsinstrument« im Sinne Lays ist auch das heute so populäre Werte-Beschwören in Unternehmen und Organisationen. Statt zu handeln redet man lieber, seitenlang, in Seminaren, Druckschriften, penibel kontrollierten Verhaltenscodizes, die von bürokratischen Besserwissern exekutiert werden – und die nichts weiter sind als eine weitere Form der Freiheitsberaubung. Das erfolgt subtiler, heimtückischer als früher, wo man robuste Methoden zur Unterdrückung seiner Untertanen anwandte. Um sie heute zur Räson zu bringen, werden sie mit Pseudofreiräumen versorgt. Echte Freiheit wird nicht gewährt, denn allein die Gewährung wäre ja ein Zeichen dafür, dass es sich um Manipulation handelt.

Man kann sich das ruhig mal merken: Freiheit wird nicht gegeben, Freiheit wird nicht gewährt. Freiheit nimmt man sich. Sie ist die Folge einer Entscheidung, nicht eines Gnadenaktes.

Man kann sich das ruhig mal merken: Freiheit wird nicht gegeben, Freiheit wird nicht gewährt. Freiheit nimmt man sich. Sie ist die Folge einer Entscheidung, nicht eines Gnadenaktes.

Wer in diesen Breiten »Freiheit« sagt, dem wird schnell Gefühlskälte unterstellt – denn frei sein bedeutet nach wie vor nicht viel mehr, als einer kalten, feindlichen Welt ausgesetzt zu sein. Freiheit wird als Bedrohung oder wenigstens als lästig empfunden. Das aber gefährdet die Demokratie an ihrer Substanz.

Free Willy oder das neue Biedermeier

Bei alldem darf man nicht vergessen: Viele lassen sich gerne ihre Freiheit rauben, sie helfen sogar dabei mit. Sie spielen *Ruf der Freiheit*, so der deutsche Verleihtitel des Films *Free Willy*, der 1993 in die Kinos kam und die rührselige Geschichte des Orcas Willy zeigte, der als Jungtier gefangen wurde und sein Leben in einem Spaß-Zoo fristen muss – bis er durch die beherzte Aktion von Tierschützern in die Freiheit des Ozeans entlassen wird. Das ist eben Hollywood. Die Wahrheit sieht so aus: Der Orca Keiko, der im Film Willy spielt, lebte zeitlebens gern und gut in Gefangenschaft. Wegen seiner ungeheuren Popularität formierte sich eine Gruppe namens *Free Willy Keiko Foundation*, die unter enormer medialer Anteilnahme für die Befreiung des mächtigen Schwertwals kämpfte. Das Tier wurde schließlich freigekauft, in den Atlantik gebracht, wo es kurz darauf starb, entkräftet durch die verzweifelten Versuche, wieder in die menschliche Obhut zu geraten, an die das Tier seit seiner Geburt gewöhnt war. Das spricht nicht gegen die Freiheit, ist aber eine Geschichte über falsche Fürsorge, die in Abhängigkeit führt und die wir überwinden müssen. Wir alle sind ein wenig Willy. Wir alle lassen uns ökonomisch vorführen wie die Kinder, wir brauchen den Spaß-Zoo der Konsumgesellschaft und jede Menge Erziehungsberechtigte, die davon leben, dass sie uns Vorschriften machen.

In dieser Welt ist jede Form von Veränderung Ruhestörung. Das führt zu diesem so typischen Klima des neuen Biedermeiers, das sich seit dem Millennium breitgemacht hat. Man mag sich erinnern: Die Hoffnungen der sogenannten New Economy zerstoben an der Börse. Es waren selbstbewusste, engagierte, an der Sache interessierte Unternehmer, die sich des Internets und der neuen Technologien bedienten, um eine neue Wirtschaft zu schaffen. Es war ein großer Bruch mit den klassischen Karrieren in Konzernen und bei Behörden. Man organisierte sich nicht mehr von oben nach unten, straff mit Chef und Unter- tanen, sondern flach und in einer sozialen Gemeinschaft, in der die Interessen des Einzelnen klar erkennbar zu einem größeren Ganzen führen sollten. Die Arbeit und ihre Ziele waren nicht entfremdet und über hunderte Zwischenstufen nicht mehr in ihrem Wesen erkennbar, sondern transparent. Es war eine neue Form von Wirtschaften entstanden, verantwortlicher, zielorien- tierter. Der große Rückschlag kam, als sich das alte Industrie- und Finanzka- pital in diese hoffnungsvolle Branche drängte. Plötzlich tauchten die Büro- kraten der alten Ökonomie auf, krem- pelten sich schnell die Hemdsärmel hoch, brachten viel zu viel Geld ins Spiel, aber keine Ideen – kurz, sie versuchten, die Spielregeln der alten Konzernökonomie in der zivilkapita- listischen Welt der New Economy zu etablieren. Diese unmögliche Verbindung scheiterte auf den ers- ten Blick.

Wir alle lassen uns ökono- misch vorführen wie die Kinder, wir brauchen den Spaß-Zoo der Konsumgesell- schaft und jede Menge Erziehungsberechtigte, die davon leben, dass sie uns Vorschriften machen.

Genauer betrachtet ist aber auch die scheinbar alte Welt des Industriekapitalismus längst zu einer Brutstätte des Zivilkapi- talismus geworden. Das gilt für Autokonzerne ebenso wie für den schwäbischen Mittelständler. Gut ausgebildete Leute, die sich nicht mehr einfach unterordnen, die nicht so leicht be- herrschbar sind wie noch die Angestellten eine Generation zu- vor. Diese Intrapreneure haben die Veränderung verstanden, sie verlangen mehr Mitspracherecht, mehr Einfluss, mehr echte Freiräume – und nicht einfach nur jene Hafterleichterungen, die ihnen von den alten Systemen gewährt werden. Sie sind die Vor- hut der Zivilkapitalisten, die im Vormärz der Zivilgesellschaft leben.

Der kapitalistische Sozialstaat

Was man öfter hört, ist Folgendes: Der Kapitalismus will den Sozialstaat zerstören. Richtig vielmehr ist: Der Kapitalismus hat den modernen Sozialstaat erst geschaffen. Der Sozialstaat ist sogar eine kapitalistische Erfindung. Vor dem Industriekapitalismus des 19. Jahrhunderts gab es Caritas, Wohltätigkeit, die willkürlich war und je nach Laune einsetzte. Erst die großen Erfolge des Industriekapitalismus machten es möglich, dass so etwas wie eine grundlegende Sozialversicherung entstand. Das von Reichskanzler Otto von Bismarck in den 1880er Jahren eingeführte deutsche Sozialstaatsmodell ist bis heute untrennbar mit der Industriegesellschaft verwoben, und das bedeutet, dass er ebenso zum Kapitalismus gehört wie moderne Banken und Versicherungskonzerne – was im Übrigen längst auch bei den Verflechtungen von Renten und Pensionskassen, zur Altersversorgung dienender Versicherungen und Immobilien gilt. Es liegt einfach an der mangelnden Kenntnis der Grundlagen unseres Gesellschaftssystems, dass all diese Institute – Sozialstaat, Bankenwesen, Versicherungen und das Streben nach Profit in Unternehmen – als sich widersprechende Einheiten gedacht werden können. In Wahrheit braucht das eine das andere. Der Sozialstaat ist ohne Kapitalismus nicht vorstellbar. Das war so, das ist so und das wird sich auch künftig nicht ändern. Denn jede Wohltat, jede Erweiterung und Sicherung der sozialen Infrastruktur ist unmittelbar von der erfolgreichen Weiterentwicklung des kapitalistischen Modells abhängig. Auch die wieder populäre Vorstellung, dass große Unterschiede in der Verteilung der Gewinne aus kapitalistischen Aktivitäten sozusagen systembedingt wären, gehört zu den Wanderlegenden des Antikapitalismus. Zu den scheinbaren neuen Gewissheiten der Krise zählt die auf allen Kanälen verbreitete »Einsicht«, dass die »Schere zwischen arm und reich« immer weiter aufklafft. Der durchschnittliche Konsument solcher Nachrichten versteht darunter das, was wahrscheinlich auch der Redakteur, der solche Informationen empört in Verkehr bringt, darunter versteht: Dass immer weniger, aber immer reichere Menschen auf Kosten von immer mehr und immer ärmer werdenden Menschen leben.

In großen Volkswirtschaften wie China, Indien und Brasilien gab es noch vor einigen Jahren hauptsächlich arme Menschen, die als Bauern, Landarbeiter, als Gelegenheits- oder Wanderarbeiter ihr Dasein fristeten. Es gab viele Arme und in allen drei Ländern eine vergleichsweise kleine Oberschicht. Doch durch die Einführung und konsequente Anwendung kapitalistischer Ökonomie und vielfacher Überwindung alter wirtschaftlicher Traditionen und Vorurteile entstand eine wohlständige Mittelschicht, die es bis dahin in diesen Ländern gar nicht gab. Absolut betrachtet gibt es auf dieser Welt deutlich mehr Wohlhabende als noch vor einigen Jahrzehnten. In den OECD-Staaten aber wird das Bild von der aufklaffenden Schere zum Schüren der eigenen Ängste benutzt.

Der Kapitalismus will den Sozialstaat zerstören. Richtig vielmehr ist: Der Kapitalismus hat den modernen Sozialstaat erst geschaffen. Der Sozialstaat ist sogar eine kapitalistische Erfindung.

Die Politik der Gefühle

Adam Smiths berühmte, im März 1776 erstmals erschienene kapitalistische Urschrift trägt den Titel *Der Wohlstand der Nationen*. Man hätte es sich denken können: Wohlstand und Glück sind natürlich nicht dasselbe. Wohlstand ist das Fundament, das Glück wahrscheinlicher macht, aber nicht garantiert. Das nehmen viele Leute dem Wohlstand ganz persönlich übel.

Der Kapitalismus ist keine Liebesheirat, er ist eine Vernunftehe. Eine solche Ehe schließt man, um seine Verhältnisse zu verbessern. Den Rest muss man selbst erledigen. Das ist für manche eine bittere Nachricht, das enttäuscht und führt zu Gefühlswallungen, Irritationen und populären Irrtümern. Stimmt es, dass der »Kapitalismus tötet«, wie es auf der Mauer einer Hamburger Schule gesprayed steht – und zwar erst seine Menschen und dann sich selbst? Ist der Kapitalismus ein durchgeknallter Selbstmörder, der uns auf seinem letzten Trip mitnimmt? Und ist er nicht auch ein Feind des Friedens?

Braucht der Kapitalismus den Krieg? Das wird seit Marx behauptet. Die Tatsache einer friedlichen Konsumgesellschaft spricht, jeder kann sich davon überzeugen, klar dagegen. Empirische Belege für die Behauptung »Kapitalismus ist Krieg« gibt es aber auch darüber hinaus nicht, so der Frankfurter Wirtschafts- und Sozialhistoriker Werner Plumpe, »zumal alle großen Krisen des 20. Jahrhunderts, insbesondere die beiden (Welt-)Kriege und die Weltwirtschaftskrise von 1929, veritable politische Ereignisse waren, in denen der Kapitalismus bestenfalls mitgemacht hat«.

Der Kapitalismus ist keine Liebesheirat, er ist eine Vernunftehe. Eine solche Ehe schließt man, um seine Verhältnisse zu verbessern. Den Rest muss man selbst erledigen. Das ist für manche eine bittere Nachricht, das enttäuscht und führt zu Gefühlswallungen, Irritationen und populären Irrtümern.

Der Kapitalismus erklärte weder Serbien noch Russland den Krieg, auch nicht Polen und England. Tatsächlich zeigt sich nur die offensichtlich weite Verbreitung antikapitalistischer Propaganda, die in Zeiten des Kalten Krieges aus dem stalinistischen Einflussbereich heraus durchaus ihre Wirkung unter westeuropäischen Meinungsmachern und Entscheidern tat. Im Agit Prop war der Kapitalismus die treibende Kraft alles Bösen. Indes: Nicht nur die großen Weltkriege verdanken sich einer bis heute nicht endgültig aufgelösten Mitmach-Gesinnung, einem Opportunismus, der sprichwörtlichen Untertanenmentalität, falschem Nationalgefühl und einem irren kollektiven Wahn, der sich in den rechten und linken Diktaturen des 20. Jahrhunderts ausdrückte. Es waren nicht die Kriege des Kapitalismus, wohl aber des Faschismus, des Kommunismus, und das fand alles unter dem hundertprozentigen Primat der Politik statt. »Die Politik schiebt die selbst erzeugten Desaster dem vermeintlich wild gewordenen Kapitalismus in die Schuhe, womit sie sich selbst erneut als rettende Kraft ins Spiel bringt«, so lautet Plumpes Analyse. Er nennt das »Schadenszauber«.

Das trifft auch zu einem erheblichen Teil auf die heute so heftig diskutierten Krisen zu. Es sind von der Politik verursachte, von ihr zu verantwortende Krisen. Dass der Kapitalismus dafür herhalten muss, liegt daran, dass der Golem schweigt.

Und sich dennoch bewegt.

Der Aufbruch

Die Harvard-Ökonomin Shoshana Zuboff gehört zu den Visionären dieser Zukunft eines neuen Managements, das wenig mit dem Mainstream der Organisation zu tun hat. Das alte Industriemanagement sei eben auf die Produktion von Massengütern zu geringen Preisen fixiert – jene industriekapitalistische Grundtugend also, die noch vor gut einem Jahrhundert, als man die meisten bis heute gültigen Gesetze des Managements formulierte, durchaus Nutzen stiftete. »Das funktioniert auch heute noch sehr gut, um niedrigpreisige Produkte für einen Massenmarkt herzustellen«, sagt Zuboff, »aber unsere Gesellschaft hat sich vollständig verändert«. Es sind zwar die Erfolge des alten Massenkapitalismus, die nun die Voraussetzung für ein neues Bewusstsein schaffen – aber es geht ja nicht um Dankbarkeit, sondern das Ergreifen von Möglichkeiten, um neue Einsichten und neue Bedürfnisse: »Die Menschen fühlen sich nicht mehr als Teil einer anonymen Masse, die einfach nur Massenprodukte verlangt – die Leute sind komplexer, vielschichtiger, gebildeter, informierter und erfahrener geworden, und das bedeutet, dass ihre Bedürfnisse sehr angestiegen sind«, so die Forscherin in einem Video-Interview aus dem Jahr 2008.

Der industrielle Manager-Kapitalismus kann dem nicht mehr gerecht werden. Er beherrscht Kontrolle, klare, straffe Regeln, Normen, Standards, Effizienz und eine präzise Organisation zur Herstellung immer billigerer Massenprodukte.

Eines der konstituierenden Merkmale des alten Kapitalismus ist ja geradezu die Steuerung von Produktion und Konsum über den Markt, wobei stillschweigend immer vorausgesetzt wird, dass man auf dem Markt nur haben kann, was jemand anderes anbietet.

Mit Individualität, Wünschen, persönlichen Bedürfnissen kann der Managerkapitalismus nicht umgehen. Zuboff hat erkannt: Der alte Kapitalismus entspricht nicht mehr den Ansprüchen selbstbewusster Menschen, denen er erst auf die Sprünge geholfen hat, indem er die Voraussetzungen für einen Wohlstand schuf, auf dem aufbauend man nun nach mehr Selbstverwirklichung, mehr Autonomie im eigenen Leben strebt – und nach dazugehörigen Produkten und Dienstleistungen.

Der alte Kapitalismus entspricht nicht mehr den Ansprüchen selbstbewusster Menschen, denen er erst auf die Sprünge geholfen hat, indem er die Voraussetzungen für einen Wohlstand schuf, auf dem aufbauend man nun nach mehr Selbstverwirklichung, mehr Autonomie im eigenen Leben strebt – und nach dazugehörigen Produkten und Dienstleistungen.

Das »i« in iPad und iPhone ist kein Zufall, es steht für »individual«. Es sind die Vorzeichen eines Kapitalismus, bei dem die Wünsche der Menschen zum Primat werden.

Im alten Kapitalismus galt: Es wird gegessen, was auf den Tisch kommt. Der neue Kapitalismus allerdings kocht à la carte. Der Unterschied schmeckt so wie der zwischen Fabrikkantine und Hauben-Restaurant.

Jeder soll kriegen, was ihm am besten schmeckt. Dazu gehört aber auch, dass die Leute anfangen, ihre Bestellungen aufzugeben – auch das ist eine langwierige Übung, denn bisher war das überhaupt nicht vorgesehen. Wir sind alle darauf trainiert, als »Verbraucher« zu denken, also als jene Gruppe, die das nimmt, was sie kriegt – eben »verbraucht, was da ist«. Wir müssen aber zu Geschäftspartnern werden, zu Menschen, die sagen, was sie wollen. Auch das ist Teil der zivilkapitalistischen Transformation.

Im globalen Netzwerk drückt sich das seit seinem Entstehen in den 1990er Jahren besonders deutlich aus. Aber das Internet ist nur das bis heute klarste Symbol für die Wachablöse des alten durch einen neuen Kapitalismus. So wie es vor dem Industriekapitalismus einen Kapitalismus des Eigentums gab und eine Ära des Kaufmannskapitalismus, werde nun ein neues kapitalistisches Zeitalter beginnen, glaubt Zuboff. Eines, in dem die Menschen mehr Kontrolle und Einfluss auf ihr Leben haben werden, in dem Vielfalt und Auswahl eine entscheidende Rolle spielen – in dem der Einzelne eine Stimme hat und sich mit anderen in Netzwerken verbünden kann. Das alles hatte der alte Kapitalismus »nicht auf dem Radar«. Mit den alten Modellen und Methoden des Managementkapitalismus wäre aber der Umstieg kaum zu machen, sagt Zuboff: »Die waren darauf ausgelegt, die Leute draußen zu halten.«

Zivilgesellschaft aber heißt: Alle sind drin.

> **Wir sind alle darauf trainiert, als »Verbraucher« zu denken, also als jene Gruppe, die das nimmt, was sie kriegt – eben »verbraucht, was da ist«. Wir müssen aber zu Geschäftspartnern werden, zu Menschen, die sagen, was sie wollen. Auch das ist Teil der zivilkapitalistischen Transformation.**

Der kooperative Kapitalismus

Zuboffs Analyse macht beispielhaft klar, dass wir mitten in einer Transformation sind. Am Horizont steht ein völlig neues Kapitel des Kapitalismus, bei dem die Menschen »haben wollen, was sie sich wünschen – und nicht das, was der Markt ihnen bietet«. Wenn der alte Kapitalismus nicht damit aufhöre, unsere Bedürfnisse kontrollieren zu wollen, wenn er nicht lerne, sie ernst zu nehmen und mit uns zu ihrer Befriedigung zu kooperieren, dann werde er eben untergehen.

Zivilkapitalismus ist dieser kooperative Kapitalismus, der sich dem alten Herrschaftsgefüge entzieht. Der alte Kapitalismus ist wie die alte Politik, der alte Staat, der alte Chef, die alten Vorgesetzten, der Gutsherr, der Fürst, die ganze alte Macht: Ich weiß schon, was für dich gut ist. Ich sorge für dich, weil du es selbst nicht kannst. Paternalismus, Bevormundung, Entmündigung. Welches Primat ist da zu fordern? Etwa jenes, bei dem den Leuten, die das alte System verbockt haben, nun auch der Aufbau des neuen Systems überlassen wird? Doch das geschieht ohnehin nicht. Während die alte Welt so tut, als müsse sie nur das Altbewährte zum Jahresservice schicken, entwickelt sich eine Netzwerkökonomie, deren Teilnehmer sich auf Augenhöhe begegnen. Es geht tatsächlich um Gleichheit, aber eben nicht um jene Gleichmacherei, die sich verordnen lässt.

Das ist der neue Kammerton, unter dem sich ökonomische Gemeinschaften bilden. Wir sehen das im World Wide Web besonders gut, weil uns das die Technik eben nahelegt. Aber die interaktive, kommunikative Ökonomie bricht überall aus. Und das ist nicht mehr die banale Qualität, wie sie schlichte Meinungsumfragen haben, bei denen es Methode hat, dass die Antworten den Fragen folgen. »Märkte sind Gespräche«, das ist die Quintessenz des *Cluetrain Manifesto* aus dem Jahr 1999. Rick Levine, Christopher Locke, Doc Searls und David Weinberger haben darin die Vorzeichen der neuen ökonomischen Reformation, des Zivilkapitalismus, klargemacht, in einer Klarheit, die erst heute zutage tritt. »Wir sind keine Zielgruppe oder Endnutzer oder Konsumenten«, kann man darin lesen, »unser Einfluss entzieht sich eurem Zugriff. Kommt damit klar«.

Die alte Wirtschaft kommt damit immer noch nicht klar, so wenig wie die Politik, aber die Dinge ändern sich. Märkte sind Gespräche, der Markt war nie etwas anderes als das. Diese Eigenschaft teilt er mit der Demokratie. Es geht um Verhandlungen, immer, aber es geht nicht mehr um die Vorherrschaft einer Machtform, ganz gleich, ob sie sich als Industriekapitalismus, Managerismus oder Politik definiert. Diese Zeiten sind vorbei, und genau betrachtet waren sie immer nur ein kleines Zwischenspiel. Der kooperative Kapitalismus, den der *Cluetrain*-Unterstützer Eric S. Raymond als »Bazar« versteht, während die Konzernwelt als »Kathedrale« erscheint, prägte die Verhältnisse der Menschen lange bevor es das Wort Kapitalismus gab.

Vergessen wir aber nicht: Um Gespräche führen zu können, um am Markt teilnehmen zu können, muss man erst einmal wissen, dass ein solcher Markt existiert. Und man muss eine gemeinsame Sprache sprechen, sich verständigen wollen. Das ist die eigentliche Leistung, die wir am Anfang des 21. Jahrhunderts erbringen müssen: Wir müssen Ökonomie lernen, wir müssen wiederentdecken, was der Markt, den wir selbst in die Hand nehmen,

Um Gespräche führen zu können, um am Markt teilnehmen zu können, muss man erst einmal wissen, dass ein solcher Markt existiert. Und man muss eine gemeinsame Sprache sprechen, sich verständigen wollen.

eigentlich ist. Auch das gehört zum Projekt des Zivilkapitalismus dazu. Es ist sogar die Voraussetzung, um über eine neue Wirtschaft nachzudenken.

Sowohl als auch

Eines der Merkmale der alten, vorzivilkapitalistischen Zeit bestand in einer starken Kontrastierung der Welt. Um die Komplexität der Umwelt zu reduzieren, teilte man alles in ein Schwarz-Weiß-, Freund-Feind-, links-rechts-, oben-unten-Schema ein. Die Weltbilder waren entsprechend simpel gestrickt. Entweder oder. Einige verwechseln diese Welt der schlichten Ja-Nein-Entscheidung mit etwas, das sie Haltung nennen. Doch das ist eine optische Täuschung. Tatsächlich ist das Ding aus Blech und nennt sich Gesinnung.

Eine Grundlage für das Verständnis der neuen Zeiten liegt in einer Übung, die darin besteht, sich vom Aberglauben des Entweder-Oder zu trennen. Die scheinbaren Gegensätze sind vielfach aufgehoben, die alten Schemata von oben und unten, links und rechts haben ihren Realitätssinn verloren. Sie sind nur mehr irritierende Hülsen in einer sich längst weiterentwickelnden Welt.

Das Zeitalter der Extreme, wie der Historiker Eric Hobsbawn das 20. Jahrhundert nannte, ist noch nicht vorüber. In einer vernetzten Welt ist es nur schwieriger geworden, alte Feindbilder langfristig aufrechtzuerhalten, aber keineswegs unmöglich. Das Phänomen des »Shit-Storms« spricht eher dafür, dass sich in der Anonymität der Netze gewaltbereite Aggression breitmacht, die keinen Diskurs sucht, sondern schlicht die Vernichtung des Gegners. Es geht darum, lauter zu brüllen. Wer den Umgang mit einem Werkzeug nicht gelernt hat, kann sich und andere dadurch gefährden. Das gilt für den Kapitalismus ebenso wie für das Internet und das Recht auf freie Meinungsäußerung.

Zur Verhinderung fehlsichtigen Extremismus empfiehlt sich eine einfache Kur: Radikalität, und zwar echte Radikalität. Sie besteht darin, sich nach der Grundlage, der Wurzel *(radix)* einer Sache oder eines Sachverhaltes zu fragen. Der Versuch, ein Problem an der Wurzel zu packen, führt fast immer dazu, dass man sich durch unterschiedliche – und jeweils durchaus berechtigte – Positionen vorarbeiten muss. Man lernt also durch Radikalität, den anderen zu verstehen – und gleichsam bewegt man sich von der Oberfläche einer Sache hin zu ihrer eigentlichen Basis. Dort zeigt sich stets: Die Welt besteht aus dem Sowohl als auch, nicht dem Entweder-oder.

Die Welt ist voller scheinbarer Gegensätze, die sich, genau betrachtet, sehr gut ergänzen. Das ist das Prinzip der Komplementarität.

Zur Verhinderung fehlsichtigen Extremismus empfiehlt sich eine einfache Kur: Radikalität, und zwar echte Radikalität. Sie besteht darin, sich nach der Grundlage, der Wurzel *(radix)* einer Sache oder eines Sachverhaltes zu fragen.

Wir alle wissen, dass vor dem Industriezeitalter die wichtigste Betätigungsform der Menschen in der Landwirtschaft lag. Die Industrialisierung hat das Primat der Landwirtschaft abgelöst. Lange Zeit existierten die Fabrik und der Bauernhof nebeneinander. Immer mehr Landarbeiter wanderten in die Welt der Schornsteine und eisernen Hallen. Umgekehrt drangen durch die Industrie verbreitete Methoden allmählich in die Landwirtschaft vor. Maschinen, Kühl- und Lagertechnik, maschinelle Ernte und Aussaat, aber auch die Produktion industrieller Lebensmittel spielten hier eine zunehmend große Rolle. Zu Beginn des 20. Jahrhunderts kamen auf einen Bauern zehn Personen, die er ernährte. Im Jahr 1980 waren es 47 Personen, im Jahr 2008, also kaum dreißig Jahre später, ist das Verhältnis auf 1:133 angewachsen. Immer mehr Fertigungs- und Verarbeitungstechnologien, neues chemisches, biologisches und methodisches

Wissen sorgen für diesen Sprung nach vorn. Ein typischer Land-
wirt, der für diese Produktivitätssteigerungen verantwortlich ist,
ist heute keine romantische (oder besser: romantisierte) Figur
von einem Landmann, sondern ein knallhart kalkulierender Be-
triebswirt, ein Land-Industrieller, ein Bio-Fabrikant. Die Rollen
und die Fähigkeiten vermischen sich.

Erst das Entweder-oder-Denken erzeugt die Widersprüche,
die scheinbar unauflösbar sind. Die Industrie automatisiert immer stärker, wird immer effizienter – aber sie verschwindet
natürlich nicht. Der Output verschiebt sich zugunsten immer
stärker individualisierter Produkte, weg von der Massenware.

Was aber immer stärker in den Hintergrund rückt, ist die Kultur und
Denkart des Industrialismus, der
Optimierungs- und Planungswahn,
der sowohl den Fabrikherren als
auch linken und rechten Tyrannen
so wichtig war. Effizienz ist nur ein
Faktor unter vielen, die wichtig sind,
um eine gute Gesellschaft und Zu-
kunft zu haben. Vielfalt ist für diese alte Industrie und ihre
politischen Regimes ein Störfaktor. In der Wissensgesellschaft
des Zivilkapitalismus ist Vielfalt die zentrale Ressource.

Vielfalt ist für diese alte Industrie und ihre politischen Regimes ein Störfaktor. In der Wissensgesellschaft des Zivilkapitalismus ist Vielfalt die zentrale Ressource.

Der Vergleich

Es ist richtig, zu unterscheiden, es ist richtig, zu vergleichen,
Systeme ebenso wie Optionen. Sowohl als auch.

Der Kapitalismus wird sich diesen Vergleich leisten können,
nicht nur gegenüber den bankrotten Planwirtschaften des
»realen Sozialismus«, deren Untergang nun auch schon mehr als
zwei Jahrzehnte zurückliegt – was offensichtlich lange genug ist,

um die Zustände in den Diktaturen des »realen Sozialismus« allgemein zu verharmlosen, wie das seit Beginn der sogenannten Finanzkrise wieder zum Zeitgeist gehört. Verharmlost wird ein System, das seine Menschen nicht anständig versorgen konnte, sie bespitzelte, ins Zuchthaus und Arbeitslager sperrte, wenn sie anderer Meinung waren – und mit einem mörderischen Grenzschutzsystem an der Flucht aus diesem Wahnsinn hinderte. Tatsächlich boten die sozialistischen Länder mehr Sicherheit, und zwar in Form eines komplexen Gefängnisses, aus dem es kein Entrinnen gab – in dem allerdings auch niemand gezwungen war, eine Entscheidung zu treffen, denn das war für den Einzelnen erst gar nicht vorgesehen. Wer das nach wie vor als Alternative zu Demokratien und Marktwirtschaft erwägt, dessen Menschenverachtung ist schlimmer als jene der Betreiber dieser Gefängnisse. So wenige sind das nicht, wenn man ein wenig genauer hinschaut, etwa so wie Bundespräsident Joachim Gauck.

»Ich hatte schon mal keinen Kapitalismus« – das ist eine seiner klaren, mutigen Einsichten. Lange bevor er das höchste Amt im Staat erhielt, war er eine Symbolfigur für die Demokratie. Joachim Gauck ist kein Antikapitalist. In der deutschen Elite macht ihn das zu einer Ausnahmeerscheinung. Die allermeisten Minister und Abgeordneten scheuen den Begriff wie der Teufel das Weihwasser, die einen, weil es sich ideologisch so schickt, die anderen, weil sie auch nichts damit zu tun haben. Die überwiegende Zahl der Volksvertreter hat noch nie eine Tätigkeit in der Privatwirtschaft ausgeübt. Von 622 Abgeordneten des 17. Deutschen Bundestags waren im Jahr 2009 fast ein Drittel, 32 Prozent, vor ihrer Politkarriere im öffentlichen Dienst beschäftigt, weitere 14,5 Prozent arbeiteten für Parteien, NGOs oder politische Interessensgruppen wie Gewerkschaften und Kammern, darunter viele ausgesprochene »Systemkritiker«.

Der Bundesrat, der Joachim Gauck ins Amt gewählt hat, hat eine ähnliche Struktur – was durchaus interessant ist. Denn der

Mann, den seine Mitglieder gewählt haben, ist das erste Staatsoberhaupt der führenden europäischen Wirtschaftsnation, das sich klar zum »System« bekennt. In einer Vorlesung, die er 2010 an der Universität Bayreuth gehalten hat, brachte es Gauck auf den Punkt: Er kenne »ganz edle, wertvolle Menschen [...], hochkultivierte Intellektuelle«, bei denen er aber eine »hochmerkwürdige Tendenz« feststelle: »Da die Wirklichkeit da draußen so mangelhaft ist und nicht unseren schönen Vorstellungen von einer gerechten Gesellschaft entspricht, bin ich aber sehr, sehr böse mit ihr. Ich wünsche mir glattweg einen Systemwechsel.« Doch was heißt das, vielleicht »die Bürgerrechte durch etwas anderes ersetzen oder eine andere Definition der Herrschaft des Rechtes als die, die wir für wichtig halten? Was bedeutet Systemwechsel?«, fragt Gauck. Und er kennt die Antwort. Wenn man nach Alternativen frage, komme nichts: »Die sind nicht imstande, das zu definieren. Das hindert sie aber nicht, an ihrer dreisten Gläubigkeit und an ihrer kindischen Sehnsuchtsattitüde festzuhalten und so zu tun, als sei diese Gesellschaft nur dann wert für ein Engagement, wenn sie ihren schönen Bildern, die sie im Kopf haben, entspricht.«

Was Gauck anspricht, ist das Fehlen zivilgesellschaftlichen Engagements bei jenen, die Zustände beklagen, sie aber nicht ändern wollen oder können, weil sie sich in ihrer kindlichen Dagegen-Haltung bequem eingerichtet haben. Gaucks klarsichtige Analyse zeigt, dass das Wort vom »Kapitalismus« einfach eine hohle Phrase geworden ist, ein Sammelbegriff für all das vereinigte Unbehagen, das den Wohlstandsmenschen plagt. Wenn nicht alles so geht, wie er es sich vorstellt, dann wird das »System« dafür verantwortlich gemacht – das ist einfacher, bequemer und gesellschaftlich akzeptierter als Selbermachen. Der Kapitalismus ist an allem schuld, weil wir

Der Kapitalismus ist an allem schuld, weil wir darin geschult sind, ihm alles anzulasten. Das System, das sind wir selbst. Seine Defizite bestehen im Wesentlichen in dem, was wir unterlassen.

darin geschult sind, ihm alles anzulasten. Das System, das sind wir selbst. Seine Defizite bestehen im Wesentlichen in dem, was wir unterlassen.

Interpretationen des Bösen

Ist der freie Markt eine Bedrohung? Oder eine Schimäre?

Einen freien Markt, also einen Zustand, in dem es keine Regeln und keine Beschränkungen gibt, die das Handeln der Marktteilnehmer beeinflussen, hat es de facto nie gegeben. Ein solcher »freier Markt« hat auch nicht zu Lebzeiten von Karl Marx und Friedrich Engels existiert. Selbst für die historische Phase des Liberalismus – der etwa von der bürgerlichen Revolution von 1848 bis zu Beginn der 1870er Jahre als Trend vorherrscht – wäre die Bezeichnung »freier Markt« eine maßlose Übertreibung. Und im zweiten deutschen Kaiserreich, das nach dem Sieg über Frankreich 1871 errichtet wurde, hatte der preußische Staat das Sagen, keine liberalen Kapitalisten. Und bereits kurz darauf begann auch die umfangreiche gesetzliche Abregelung des »ungezähmten Kapitalismus« durch Otto von Bismarcks Sozial- und Arbeitsgesetze.

Man lenkte, erließ Gesetze, steuerte, regulierte, verbot dieses und jenes, stimmte Interessen ab und verwischte die Grenzen zwischen Politik, Regierung, Banken und Unternehmen ununterbrochen. Dem passte sich die Entwicklung des Kapitalismus an. Oder genauer gesagt: Der Kapitalismus veränderte sich in der Welt der Konzerne bis zur Unkenntlichkeit. Was wir heute kritisieren, hat mit dem, was Kapitalismus sein kann, nichts zu tun.

Vom letzten Drittel des 19. Jahrhunderts an entstanden zunehmend große kapitalistische Organisationen, die man nur noch unter Vorbehalt als »Unternehmen« bezeichnen kann. Die großen Aktiengesellschaften bedienten sich am Personal und der Kultur der großen staatlichen Verwaltungen in Europa und den USA. Die Entwicklung dessen, was man Management und moderne Bürokratie nennt, verlief vollkommen verzahnt – und tut das bis heute. Bürokratien entwickeln Bürokratien. Sie denken wie Bürokratien, statisch und nicht risikoaffin. Machtsicherung betreibt man nicht mehr, indem man sich einer riskanten Konkurrenz mit anderen aussetzt oder durch Innovation, sondern durch die Etablierung von Monopolen, Trusts, Kartellen und Lobbies, die dafür sorgen, dass der Gesetzgeber – der als Bürokrat ohnehin dieselbe Sprache spricht – der kapitalistischen Großorganisation Privilegien erteilt oder wenigstens einen Informationsvorsprung verschafft. Machterhalt und Machtsicherung, die Politik des Status Quo und der Wahrung des Besitzstands, sind gemeinsame Merkmale. Die kapitalistische Großorganisation ist nach innen oft nach den Prinzipien der Kameralistik organisiert.

Insgesamt verlagert sich die Aktivität der Großorganisation weg vom Unternehmertum und hin zur bürokratischen Verwaltung. Der Eindruck der Bürger und der kritischen Beobachter des entwickelten Industriekapitalismus trügt also nicht: Behörden und Konzerne erscheinen uns zuweilen so ähnlich, weil sie es in ihrer Kultur und Praxis auch sind. Und werfen wir einmal einen Blick auf das Organigramm einer politischen Partei – ganz gleich, welcher. Darin spiegelt sich die Struktur eines Amts wider, das aber genauso gut ein Konzern mit seinen Tochtergesellschaften und Betrieben sein könnte. Der Betrieb dieser Organisation wird legitimiert, indem man seine Macht verwaltet und erhält, aber nicht durch unternehmerisches Handeln, also Kapitalismus. Und seine Zutaten wie Kreativität, Innovation und Originalität würden den Ablauf nur stören. Man kann nur dummerweise nicht ganz auf sie verzichten. Deshalb werden sie zugekauft oder durch die repressive Übernahme des Wissens und Know-hows von organisatorisch (nicht unternehmerisch!) schwächeren Marktteilnehmern eingebracht.

Die reine Marktmacht ergibt sich aus monopolistischem und bürokratischem Handeln, aus engster Verbindung von Politik, Verwaltung und Alltagsbetrieb des großkapitalistischen Konzerns. Vetternwirtschaft, Korruption, Klüngelei, Machtmissbrauch und Übergriffigkeit gegenüber den Bürgern und Kunden sind in diesem System vorprogrammiert.

Schon vor 100 Jahren war diese Entwicklung so weit fortgeschritten, dass Politiker wie Wladimir Iljitsch Lenin darin den Anfang vom Ende des Kapitalismus erkennen wollten. Der spätere sowjetische Staatsgründer entwarf auf der Basis der Theorie des deutsch-österreichischen Ökonomen und sozialdemokratischen Politikers Rudolf Hilferding das Konzept des Staatsmonopolkapitalismus, kurz »Stamokap« genannt.

Das ist eine äußerst interessante Variante dessen, was Marx in seinen Visionen von einem sich selbst verschlingenden Kapitalismus entworfen hatte, eines Systems, das zu seinem »eigenen Totengräber« wird, wie Marx es nannte. Bei Lenin und Hilferding läuft der Hase aber etwas anders. Der Kapitalismus verwandelt sich. Dabei bläht sich die kapitalistische Organisation zunächst auf – ein Vorgang, der ganz offensichtlich am Ende des 19. Jahrhunderts in allen kapitalistischen Ländern stattfand. Es geschieht das, was Marx schon im *Kommunistischen Manifest* prophezeit hatte, die Hatz der Kapitalisten über den ganzen Globus. Die große kapitalistische Organisation drängt zum weltweiten – zum imperialistischen, wie es bei Lenin heißt – Monopol, verschlingt dabei immer größere Summen und zwingt die Konzerne, die dabei entstehen, zu immer weiteren Bündnissen mit dem Finanzkapital. Die Politik unterstützt diese Entwicklung, wo sie nur kann, etwa durch Gesetze und Förderungen, Abkommen und notfalls auch durch Kriege. Alles verbindet und verfilzt sich. Dabei entsteht eine hartleibige Bürokratie, die mit Gewalt ihre Interessen durchsetzt, die zentral steuert und plant – und so bis zur Unkenntlichkeit mit dem erwünschten Herrschaftsmodell des Sozialismus verschmilzt.

Lenin freute sich diebisch über diese »Dialektik der Geschichte«, denn diese Entwicklung des Kapitalismus bringe »die Menschheit dem Sozialismus außerordentlich nahe«.

Nicht nur »rinks und lechts«, wie der Dichter Ernst Jandl so treffend bemerkte, sind leicht zu verwechseln. In den Krisen zeigt sich die Verflechtung von supranationaler Bürokratie, Finanzkapital und bürokratischer Konzernlogik immer wieder. Daneben gibt es unzählige Klein- und Mittelständler, Selbstständige, Entrepreneure und – nicht zu vergessen – auch in Konzernen widerständige Erneuerer, die Intrapreneure, die gegen diese gewaltige sich selbst verwaltende (und auch nur an sich selbst messende) Bürokratie anrennen. Sie führen einen doppelten Kampf, gegen die Bürokraten der Konzerne und des Staates und der öffentlichen Hand. Echte Unternehmer, die Bewahrer des Kapitalismus, sind an ökonomischer Dynamik interessiert, aber sie wissen auch, dass in der »großen Welt« in der Wahrnehmung der meisten der bürokratische Kapitalismus gesiegt hat, nicht das Unternehmertum.

Die eigentliche Krise besteht darin, dass weite Teile der Öffentlichkeit, auch der gebildeten Öffentlichkeit, diese Realität nicht kennen oder nicht kennen wollen. Sie glauben, was man ihnen sagt.

> **Nicht nur »rinks und lechts«, wie der Dichter Ernst Jandl so treffend bemerkte, sind leicht zu verwechseln. In den Krisen zeigt sich die Verflechtung von supranationaler Bürokratie, Finanzkapital und bürokratischer Konzernlogik immer wieder.**

Finanzkrisen und andere Verwaltungsfehler

Ein schönes Beispiel bietet sich hier in der sogenannten Subprime-Krise in den USA, die als Vorhofflimmern des Finanzinfarkts von 2008 gilt. Sie ist das Produkt politischer Vorgaben. Wohneigentum für alle, auch jene, die es sich nicht leisten können. Die Banken trugen das mit, weil die Politik sie dazu ermunterte – und es sich daran prächtig verdienen ließ. Man muss sich das als eine Art langjährig bewährter Komplizenschaft vorstellen: Regierungen entwickeln, immer wieder auch um ihre Wähler günstig zu stimmen, Bevorzugungsprogramme, die sehr teuer sind und Banken tun das, was jeder Bürger auch machen würde: Wenn der Staat das will, dann okay, dann machen wir das, wird schon »schiefgehen«, denn wer könnte eine größere Sicherheit bieten als der Staat? Das erinnert manche, die dabei waren, an die Methode, die angewandt wurde, als man 1996 in Deutschland die ersten Aktien der Telekom AG, der Nachfolgeorganisation der alten Telefonbehörde der Deutschen Post, auf den Markt brachte.

Die an den Fürsorgestaat gewohnten Deutschen kauften vertrauensselig plötzlich Aktien, ein Fremdkörper im Konsumbiedermeier. Man wähnte sich auf der sicheren Seite: Der Staat haut uns nicht übers Ohr, und wenn was schiefgeht, dann kriegen wir in jedem Fall eine Wiedergutmachung. Aktien als Sparbuch mit garantierter 15-Prozent-Rendite – das war die Idee.

Im Subprime-Bereich ist im Grunde nichts anderes geschehen: Bürger, die zuvor nicht mal eine Kreditkarte bekamen, erhielten plötzlich Zigtausende Dollars für ihr kleines Häuschen – vertickt von Kreditvermittlern bei Banken, die sich ihrer Sache sicher waren: Stand nicht die Politik geschlossen hinter ihnen? Wenn die Leute nicht zurückzahlen konnten – dann würde es eben der Staat tun. Bankbeamte denken genauso. Wer auch nur ein wenig über die mentale Verfasstheit von Mitarbeitern und

Managern der sogenannten »Finanzwirtschaft« weiß, dem ist das klar. Hier arbeiten keine abenteuerlustigen Hasardeure, sondern Bürokraten, die sich in allem und jedem rückversichern, bevor sie loslegen. Dass sie sich dann keine Gelegenheit entgehen lassen, um im sicheren Schutz staatlicher und supranationaler Verordnungen Cash zu machen, ist kein Widerspruch, sondern eher die Folge. Es sind eher Finanzämter als Finanzinstitute, die hier agieren.

Müßig zu sagen, dass es nicht das erste Mal war, dass die Steuerzahler für politische Manöver ihrer Regierungen aufkommen müssen – und nach allen Regeln der Kunst an der Nase herumgeführt werden. Das ist, bei aller Komplexität der Details, die recht überschaubare Psychologie der Krise: Niemand ist verantwortlich, alle machen mit, jeder verlässt sich auf den anderen – und die letzten, die Bürger, die in der Lage sind, durch ihre Steuern all das zu bezahlen, beißen die Hunde. Das ist in Europa so und auch in den vermeintlich wirtschaftsliberaleren USA, in denen der Einfluss der Regierungen auf den Kapitalismus, die Verzahnung von Bundes-Bürokratie mit Konzernen keineswegs geringer ist als in Europa.

Beim Bankhaus Lehmann Brothers rechnete sein damaliger Chef Richard Fuld fest damit, dass sich der Finanzminister der Bush-Regierung, Henry Paulson, auf keinen Fall für eine Insolvenz des im Herbst 2008 bereits massiv angeschlagenen Geldhauses aussprechen würde. Man war »too big to fail«, ein Riese, der nichts falsch machen konnte, weil sein eigener Sturz alles, was ihn umgab, auch in die Tiefe gerissen hätte. Fuld verließ sich auf das erste Gebot der Wall Street: Mitmachen, mitnehmen. Das »mit« ist wichtig. Die Wall Street macht nichts selbst. Sie nimmt auf, was Politik und Regierungen, internationale Entwicklungen vormachen. Die Börse ist ein Reaktionsgefäß, ein Resonanzkörper, kein aktiver und gestaltender Teil. Das ist ja auch genau das Problem: In einem Kapitalismus, der von Unternehmern und Machern gestaltet würde, einem Zivilkapitalismus also, wäre die Börse nichts anderes als die Vermittlungsstelle zwischen Investoren und Unternehmen. Man müsste sich auf konkrete Ziele einigen. Heute ist die Börse aber eben kein Marktplatz der Interessen, auf dem gehandelt wird, sondern dient als Bühne abartiger Spielchen kauziger Finanz-Nerds.

Es geht um die Ausnutzung winziger Rechtsdetails, der Fußnoten von Gesetzen, falsch gesetzter Kommas und anderer nebensächlicher Miniaturen des Bürokratismus, die dann ausgenutzt werden. Wäre die Börse gestaltender Kapitalismus, gäbe es keine Finanzkrise. Doch die Börse ist Mitläufertum. Man tut, was die Politik will. Im Gegenzug steht die bei Problemen gerade – indem sie das Geld der Steuerzahler eintreibt. Auch das gehört zum Primat der Politik. Fuld hat getan, was in seinen Kreisen zum unausgesprochenen Gesetz gehört: Die Politik bestellt, die Banken liefern. Ganz sicher rechnete Fuld mit der üblichen Ausfallshaftung. Doch Paulson verweigerte die Amtshilfe – ein Unikum, das prompt zu einem nervösen Kollaps des Systems führte. Der Ex-Minister ist ein tragischer Held. Sein Widerstand gegen ein falsches System wurde durch Vertrauensentzug bestraft.

Die Eurokrise ist eine noch offensichtlichere Folge der unseligen Allianz aus Politik und Finanzwirtschaft. Staatsverschuldung, gefälschte Bilanzen, verschleppte Kredite und ein Wohlstand, der an allen Ecken und Enden auf Pump und Selbstbetrug aufbaut. Griechenland und Zypern sind keine Einzelfälle, sondern stehen für eine verbreitete Haltung in den westlichen Wohlstandsländern. Man nimmt, was geht, man fragt nicht lang, aber wenn es nicht mehr funktioniert, ist das Gezeter groß.

Haltet den Dieb – die Bürger haben von der Politik einiges gelernt.

All das ist unanständig, verlogen, pure Heuchelei.

Aber mit Kapitalismus hat es nichts zu tun.

Kapitalismus und Nachhaltigkeit

Warum fällt das nicht auf? Die Antwort darauf gibt wieder Joseph A. Schumpeter in seinem Gedankenexperiment über die Anklage gegen den Kapitalismus: Die Leistung des Kapitalismus »wird nur sichtbar, wenn wir sie auf lange Frist betrachten«, kurzfristig hingegen beherrschen »Profit und Erfolglosigkeit das Bild«. Der Kapitalismus hat so nichts Verlässliches und nichts Gerechtes im Sinne unserer kulturellen Vorstellung beider Begriffe. »Um sich in sein Los zu schicken, hätte sich der Leveller oder Chartist von einst mit den Hoffnungen für seine Urgroßkinder trösten müssen. Um sich mit dem kapitalistischen System zu identifizieren, müsste der Arbeitslose von heute sein persönliches Schicksal und der Politiker von heute seine persönlichen Ambitionen vergessen. Für die Massen gibt die kurzfristige Betrachtungsweise den Ausschlag«, schreibt Schumpeter in *Kapitalismus, Sozialismus und Demokratie* im Jahr 1939.

Das ist eine Einsicht, die vor allen Dingen von dem von der Politik einst wie heute so missbrauchten Ökonom John Maynard Keynes bekannt wurde, dessen »in the long run we are all dead« das Dilemma des Kapitalismus als nachhaltiger Veränderer zeigt.

Auf langfristiges Denken, das heute schon auf die morgigen Folgen zielt, auf Nachhaltigkeit also, hat man sich im Westen heute doch so ungeheuer eingelassen, oder nicht? Vielleicht wissen die Leute aber wirklich nicht, wovon sie reden.

Denken wir an die Zahlen der OECD über die Entwicklung des Wohlstands durch den Kapitalismus in den vergangenen zweihundert Jahren. Denken wir daran, dass es sich leicht nachweisen lässt, dass selbst unter den gefühlten Krisen des Westens seit den 1970er Jahren die Menschen reicher und wohlhabender geworden sind als je zuvor, und zwar auf allen Kontinenten. Das ist Nachhaltigkeit. Aber wir haben nicht gelernt, das mit dem Kapitalismus in Verbindung zu bringen.

Das hat schlicht mit fehlendem Wissen zu tun.

Da treten Leute selbstbewusst an, die Welt zu verändern – haben aber ihren Werkzeugkoffer zu Hause gelassen oder glauben, so etwas gar nicht zu brauchen. Das ist ziemlich lächerlich.

Es führt dazu, dass Leute ganz ernsthaft behaupten, dass nun die Schwellen- und Entwicklungsländer »nicht die gleichen Fehler wie wir« machen sollen – was bedeutet das genau? Dass sie aus Elend, Hunger, Krankheit und Unterdrückung nicht den Aufbruch in eine glücklichere Zukunft wagen sollen? Wie kann das sein?

An dieser Stelle muss das Wort an den großen Wirtschaftswissenschaftler Jagdish Bhagwati übergeben werden, dessen Buch *Verteidigung der Globalisierung* zu den erhellendsten Geistesübungen gehört, die ein wohlhabender Mensch aus den westlichen Ländern heute unternehmen kann. Bhagwatis Eintreten für eine Globalisierung, einen weltweiten Kapitalismus als Vehikel für mehr Gerechtigkeit bei Zugängen und Verteilungen ist das genaue Gegenteil der dauerdepressiven, negativen und nachhaltig falschen Positionen, die von vielen Angehörigen der extraökonomischen Eliten in Westeuropa und den USA vertreten werden. Bhagwati zu lesen ist, wie das Fenster nach einem langen Winter zu öffnen. In seinem Buch schreibt der an der Columbia Universität in New York lehrende Bhagwati im Kapitel »Gegen Globalisierung: Warum?« über den Wissensstand vieler junger, akademisch gebildeter Menschen aus dem Westen Folgendes: »Dass sich der Kapitalismus [...] auch als ein System betrachten lässt, das paradoxerweise Privilegien abschaffen und wirtschaftliche Möglichkeiten eröffnen kann, ist eine nach wie vor unübliche Betrachtungsweise [...] Ich frage mich zum Beispiel oft, wie viele junge Kapitalismusskeptiker sich der Tatsache bewusst sind, dass eine sozialistische Planwirtschaft in Ländern wie zum Beispiel Indien, in denen Märkte landesweit durch bürokratisch verwaltete Zuteilungen von Waren und Dienstleistungen ersetzt wurden, das Problem des ungleichen Zugangs zu solchen Dingen eher verschlimmerte als verbesserte. Sozialismus war nämlich gleichbedeutend mit Warteschlangen, die die gut Vernetzten und gut Ausgestatteten umgehen konnten, während die Marktwirtschaft einer größeren Zahl von Menschen den Zugang zur Supermarktkasse verschaffte.«

Bhagwati erklärt sich die Fehlsichtigkeit der Globalisierungsgegner aus dem besseren Bildungsmilieu damit, dass sie »an der Universität ihr soziales Erwachen in anderen Disziplinen als den Wirtschaftswissenschaften erleben. Englisch, vergleichende Literaturwissenschaft und Soziologie sind hier fruchtbare Nährböden«.

Das ist in New York nicht anders als an der Freien Universität Berlin oder anderswo im reichen Westen.

Einerseits zeigt sich seit vielen Jahren, dass der neue Wohlstand für mehr persönliche Freiheit und höhere Ansprüche an die Selbstverwirklichung sorgt. Nach dem Krieg studierten junge Menschen noch Fächer, die »vernünftig« waren in dem Sinn, dass sie sichere und gute Jobs zur Folge haben würden – als leitende Angestellte, Juristen, Beamte und Techniker. Die Kinder dieser Wohlstandsaufsteiger setzten eher auf weiche Fächer, auf Pädagogik, Soziologie, Politologie und Kulturwissenschaften – alles ehrenwerte Fächer, die allerdings auch widerspiegeln, dass sich die Studierenden deutlich mehr selbst verwirklichen wollten als ihre Eltern. Sie tun, was sie gern tun. Allerdings bedarf diese Emanzipation eben auch der Fähigkeit, die Grundlagen des Wohlstands zu kennen – und sich nicht auf das Erbe allein oder die Forderung nach mehr Knete vom Staat zu beschränken.

Emanzipation bedarf eben auch der Fähigkeit, die Grundlagen des Wohlstands zu kennen – und sich nicht auf das Erbe allein oder die Forderung nach mehr Knete vom Staat zu beschränken.

Marx forderte den *lesenden Arbeiter*, weil er Francis Bacons Diktum vom Wissen, das Macht ist, ernst nahm. Arbeiterbildungsvereine nahmen es noch bis weit ins 20. Jahrhundert hinein sehr ernst damit, die Emanzipation ihrer Mitglieder durch Bildung zu stärken. Das wichtigste Instrument zur Aufhebung des Klassenunterschieds war Wissen. Dieser Stoff sorgt für Gerechtigkeit. Davon ist im Bewusstsein auch linker Parteien nicht viel übrig geblieben. Wer fordert schon, dass die eigene Klientel auch Bildung in Wirtschaft haben soll? Ökonomischer Analphabetismus macht nicht nur nichts, er ist auch politisch gewollt. Oder warum sonst wird akzeptiert, dass Lehrer, Kunsthistoriker, Soziologen, Journalisten und Schauspieler, Theologen und Philosophen im öffentlichen Raum den Kapitalismus als Teufelswerk diskreditieren können, ohne auch nur seine Grundlagen verstanden zu haben?

Radical Chic oder, wir sind nicht die 99 Prozent. Echt nicht.

Und warum ist der Antikapitalismus eigentlich dort so stark, wo Menschen vom Geld anderer Leute leben, von Subventionen, die den Wettbewerb, die Gleichheit, die Gerechtigkeit und die Fairness außer Kraft setzen – und deren Volumen allein in Deutschland mehr als 280 Milliarden Euro pro Jahr beträgt – gut die Hälfte des Staatshaushaltes?

Der *Radical Chic* der meinungsstarken, aber ahnungslosen Elite hat einen Preis, den für gewöhnlich andere Leute bezahlen. Ist das revolutionär – oder nicht doch einfach eine neue Ausbeutung?

Der *Radical Chic* der meinungsstarken, aber ahnungslosen Elite hat einen Preis, den für gewöhnlich andere Leute bezahlen. Ist das revolutionär – oder nicht doch einfach eine neue Ausbeutung?

Wissen ist Macht – aber Nichtwissen macht nichts. Das scheint die Devise der entwickelten Konsumgesellschaft zu sein. Doch es ist nicht egal. Nichtwissen ist nicht folgenfrei. Es ist nicht so, dass es gleichgültig ist, ob wir unsere Ökonomie selbst gestalten – oder ob wir uns nur mit einem leichten Ohnmachtsgefühl weitaus stärkeren Kräften ausgesetzt fühlen. Wir treffen keine oder falsche Entscheidungen, wir irren uns, wir verbringen unser Leben in Angst und Unsicherheit. Statt zu unternehmen und zu gestalten halten wir uns raus. Es fehlt an Aufklärung.

Wir hier im reichen Westen sind nicht die Mehrheit, wir sind nicht die 99 Prozent. Auch das muss klar sein, wenn man an einen neuen, verantwortungsvollen Kapitalismus denkt, der Besseres kann als der, den man hinter sich lässt.

Unsere Beziehung zu den Erfolgen und Misserfolgen des Kapitalismus ist nicht verhältnismäßig. Sie entspricht ganz und gar nicht der Realität der wahren 99 Prozent, der Bürger der Schwellen- und Entwicklungsländer, die sich dank kapitalistischer Methoden so schnell und so gut entwickelt haben. Würden wir wirklich nachhaltig, fair und gerecht denken – und nicht nur so reden, dann müssten wir wenigstens so oft über die Erfolge der Globalisierung und des Kapitalismus reden, über seine langfristige Wirkung für die Menschen, wie wir es über die echten und vermeintlichen Nebenwirkungen dieses Systems tun. Doch damit kann man kein Geschäft machen. Denn nur, wer den Leuten Angst macht und den Eindruck erweckt, sie wären vom Übel umringt, kann sich als Helfer und Retter aufspielen – und dafür seine Bürokratien errichten oder seiner Gesinnung frönen.

Das geht bis zur Verzerrung, die kaum noch bemerkt wird.

Was nicht passt, wird passend gemacht. Im Nachrichtenmagazin *Der Spiegel* befragte man fünf Wirtschafts-Nobelpreisträger, Edmund Phelps, Robert Lucas, Reinhard Selten, Paul A. Samuelson und Joseph Stiglitz, nach ihren Positionen zur Finanzkrise, die damals unter dem Eindruck der Pleite des Finanzhauses Lehmann Brothers ihrem medialen Höhepunkt zustrebte. Auf den ersten Blick war Ausgewogenheit angesagt: Phelps etwa steht für einen liberalen Kurs, Stiglitz neigt dem *Radical Chic* zu. In Summe waren die Antworten der Experten breit gestreut, wie zu erwarten war. Keine Spur von Einstimmigkeit – es gab keine eindeutige Antwort, noch nicht einmal eine Tendenz, wie mit der Krise umzugehen wäre.

An der Geschichte wäre wenig auszusetzen, wenn nicht ganz vorn im Blatt, wo auf die Story hingewiesen wurde, in fetten Lettern die Zeile »Wer bändigt den Kapitalismus?« zu lesen gewesen wäre. Und wenn nicht dazu ein Text erschienen wäre, in dem steht: »Alle [diese Experten] sprechen sich für staatliche Eingriffe aus.« Doch das ist falsch, das kann man in den Aussagen der befragten Wirtschaftsweisen eindeutig nachlesen. Was ist das? Manipulation, Wunschdenken, oder Unwissenheit? Oder von allem etwas?

Eine Gesinnung ist eine Meinung, der die Informationen fehlen, um zu einer Haltung zu werden.

Man stelle sich übrigens mal vor, welche Empörung geherrscht hätte, wenn der *Spiegel* mit fünf unterschiedlichen Meinungen von Künstlern oder Umweltschützern so verfahren wäre. Aber so leichtsinnig ist man natürlich beim »Sturmgeschütz der Demokratie« dann nicht. Kapitalisten-Bashing hingegen ist wohlfeil, da gibt es keinen Widerspruch. Wen sollte das auch stören?

Eine Gesinnung ist eine Meinung, der die Informationen fehlen, um zu einer Haltung zu werden.

Leitende Angestellte, Manager, die sich zu Superarbeitnehmern hochgearbeitet haben, mit allen Rechten, aber kaum erkennbaren Pflichten?

Wer verteidigt eigentlich den Kapitalismus?

TEIL 2

DIE KRISE DES KAPITALISMUS IST DIE KRISE DER KAPITALISTEN

*Kapitalist sein, heißt nicht nur eine rein persönliche,
sondern eine gesellschaftliche Stellung in der Produktion
einzunehmen [...] Das Kapital ist also keine persönliche,
es ist eine gesellschaftliche Macht.*

FRIEDRICH ENGELS, KARL MARX

Alles ist verwirrend, alles undurchschaubar, alles wendet sich dem Ende zu.

»Wir verstehen kaum etwas von dem, was wir auf den Straßen und Plätzen unserer Stadt sehen. Überall treffen wir auf das Fremde, alles verwirrt uns. Die Tage des Untergangs kommen mit brüllendem Lärm und Chaos, Trubel und Durcheinander. Bürger, die nie etwas anderes kannten als Sicherheit und Wohlstand, und die bisher in der Gewissheit lebten, dass das auch für ihre Kinder Gültigkeit haben würde, haben alles verloren und nichts mehr zu sagen. Ohnmächtig stehen sie den Veränderungen gegenüber, hilflos, nun selbst zu Kindern geworden. Aber sie können auch sehen, wie sich wenige Neureiche schamlos am Zusammenbruch der alten Welt bereichern. Die nehmen, was sie kriegen können, ohne Rücksicht auf Verluste. Werte? Moral? Das hat keine Bedeutung mehr. Die Städte sind verwahrlost, schmutzig, laut, tote Bäume recken ihre Äste in den Himmel, und wo einst satte, grüne Wiesen waren, ist alles braun und trocken. Und niemand sagt, wo es langgeht, keiner gibt Hoffnung. Die ganze Menschheit erscheint als ›verirrte Herde, die keinen Hirten hat‹«.

Mit dieser Rede könnte man heute jeden Kirchentag eröffnen. Geht nicht alles den Bach runter? Der Text ist allerdings rund 4000 Jahre alt. Der in der Schweiz lebende Ägyptologe Erik Hornung hat dieses Zeugnis aus der Epoche des Ersten Zwischenreichs des ägyptischen Pharaonenreichs entdeckt und in unsere Sprache geholt.

Zweifel im Schatten des Wohlstands

Die Bürger der westlichen Wohlstandsstaaten jammern gern. Weil sie reich sind, ein schlechtes Gewissen haben, weil ihnen dieses schlechte Gewissen von einer herrschenden Moral beigebracht wird. Stimmt alles. Vor allem aber, weil sie den Ursachen ihres Wohlstands entfremdet sind. Im Gegensatz zu einem chinesischen oder indischen Intellektuellen sind sie vom Kapitalismus, der Grundlage ihres persönlichen Wohlstands, so weit entfernt, dass sie ihn bestenfalls als notwendiges Übel akzeptieren. Sie wissen nicht mehr, wo sie stehen. In fast jeder Zeitung, in politischen Fernseh- und Radiosendungen wird behauptet, dass Kapitalismus und »Neoliberalismus« immer üblere Kreise ziehen würden. Man stürzt sich auf die schlechte Nachricht, weil sie höhere Aufmerksamkeit beim Publikum verspricht. Überdies wimmelt die Branche von selbsternannten Moralaposteln. Viele Journalisten fühlen sich, vor allem vor dem Hintergrund der Umbrüche durch das Internet, deklassiert. Man gehörte einmal zu denen, die die Deutungshoheit hatten. Man hatte Macht, Einfluss. Das hat sich geändert. Man ist frustriert – die eigene Welt geht unter, und es fehlt vielen Betrachtern an der Professionalität, das eigene Schicksal nicht mit dem der Welt zu verwechseln. Das führt zu einem gefühlten schlechten Zustand der Welt. Die schlechte Nachricht ist die bessere, weil sie den eigenen Gemütszustand verdeutlicht. Unser Chronist aus Ägypten von vor 4000 Jahren war ein Angehöriger der Oberschicht. Die Transformation seines Zeitalters war keineswegs für alle schlecht. Aber durch die Brille des Menschen, der seine Privilegien verliert, ist die Welt ein ein-

Die Bürger der westlichen Wohlstandsstaaten jammern gern. Weil sie reich sind, ein schlechtes Gewissen haben, weil ihnen dieses schlechte Gewissen von einer herrschenden Moral beigebracht wird. Stimmt alles. Vor allem aber, weil sie den Ursachen ihres Wohlstands entfremdet sind.

ziges Jammertal. Verräterisch ist die Haltung, dies alles einfach mit einem »kalten Kapitalismus« und »Neoliberalismus« abzutun. Das genügt nicht. Wenn die Bedingungen schlecht sind, muss man selbst für bessere sorgen. Oder können wir das nicht? Wollen wir das nicht? Es ist pure Heuchelei, die Verhältnisse dafür verantwortlich zu machen, dass wir nicht in der Lage sind, eigene ökonomische Verantwortung und Initiative zu übernehmen. Es ist schlicht schizophren, mehr Freiheit zu fordern und gleichsam mehr Knete vom Staat.

Zivilgesellschaft heißt nicht, dass wir mehr Geld an NGOs spenden, sondern dass wir mehr selbst machen und den verbreiteten politisch korrekten Ablasshandel durch Zivilcourage und kritische Beobachtung ersetzen. Zivilgesellschaft bedeutet eine radikale Abkehr vom Prinzip der Bevormundung und Fürsorge. Zivilgesellschaft ist Selbstbewusstsein, und das ist ohne die Fähigkeit, über sich selbst zu bestimmen, nicht machbar.

Zivilgesellschaft bedeutet eine radikale Abkehr vom Prinzip der Bevormundung und Fürsorge. Zivilgesellschaft ist Selbstbewusstsein, und das ist ohne die Fähigkeit, sich selbst zu bestimmen, nicht machbar.

Wir müssen diesen Wandel in guten Zeiten vollziehen, nicht vor dem Hintergrund eines Weltuntergangs. Vielleicht hat das wohlige Gruseln der wohlständigen Westler vor einer miesen Zukunft genau diesen Grund: Man sehnt sich eine Katastrophe herbei, um endlich handeln zu *müssen*. Alle sehnen sich nach Alternativlosigkeit, die einen Neuanfang erzwingt, den es in einer friedlichen, nicht zerstörten, intakten und wohlhabenden Welt nicht geben kann, weil er für alle zu unbequem wäre.

Die Psychologie der Veränderung ist nicht so schwer zu verstehen. *Apocalypse Now* – das ist ein Hilfeschrei von Leuten, die selbst nicht die Kraft aufgebracht haben, eine Lebensentscheidung zu treffen. Sie warten drauf, dass *etwas* passiert, *jemand* die Reißleine zieht. Das ist die Lösung für das alte Phänomen, dass so oft im Vorfeld von großen Umbrüchen die Menschen »sehenden Auges in die Katastrophe« gelaufen sind.

Im Jahr 2005 installierte der norwegische Künstler Lars Ramberg sechs Meter hohe neonbeleuchtete Buchstaben auf dem Dach des Palastes der Republik in Berlin. Bis weit in den Westen der Stadt hinein schimmerte in der Dämmerung und nachts fahl das Wort »Zweifel«. Was der Künstler anregen wollte, gehört seit René Descartes zum Grundprinzip kritischen Denkens: »Der Zweifel ist der Weisheit Anfang.« Natürlich gilt das für den Selbstzweifel, der zur Selbsterkenntnis führt, doppelt. Selbsterkenntnis ist ein gutes Gegengift zur Selbstgerechtigkeit. Darunter leiden viele, die vom Kapitalismus profitieren, sich aber »zu gut sind«, um sich mit seinem Wesen auseinanderzusetzen.

Zweifler und Selbstzweifler braucht der Zivilkapitalismus aber ganz dringend. Denn weder der alte Industriekapitalismus und seine Manager, noch der Antikapitalismus und seine selbstgerechte Dagegen-Haltung sind Alternativen zu dem, was zu tun ist: Sich seiner selbst zu vergewissern. In Zeiten der Veränderung, und in denen leben wir, ist das eine existenzielle Notwendigkeit.

Krisen sind keine Katastrophen. In der Gesellschaft, der Kulturgeschichte, der Ökonomie sind Krisen ebenso normal wie in allen dynamischen und lebendigen Systemen. Das Wort »Krise« hat einen schlechten Klang, dabei verheißt es etwas Gutes. Mediziner wissen mehr: Wenn sie von »Krise« sprechen, meinen sie den Zustand, der einen Wendepunkt markiert. Krisen gehören also typischerweise zu Zeiten der Veränderung. Sie zwingen allerdings auch zu Entscheidungen. Der Wirtschaftshistoriker Werner Plumpe ist nicht der einzige Experte, der auf die reinigende Kraft der Krisen im Kapitalismus hingewiesen hat. Fakt ist, dass der Kapitalismus seit dem 19. Jahrhundert regelmäßig totgesagt

Das Wort »Krise« hat einen schlechten Klang, dabei verheißt es etwas Gutes. Mediziner wissen mehr: Wenn sie von »Krise« sprechen, meinen sie den Zustand, der einen Wendepunkt markiert.

wurde – eine ziemliche Übertreibung. Der Kapitalismus ist ein System, das Möglichkeiten, Opportunitäten nutzt, und zwar, um das klarzustellen, alle Möglichkeiten, die sich bieten. Deshalb entwickelt sich kapitalistisches Verhalten auch dort, wo es obrigkeitlich verboten wird. Der Kapitalismus hat in seiner Geschichte unzählige Versionen und Updates verfahren, die aus einem zunächst sehr einfachen Programm ein sehr komplexes Instrument gemacht haben. Aber diese Komplexität ist ja nichts weiter als der Beweis für eine hohe Anpassungsfähigkeit und Themenvielfalt. Daran scheitert eine stereotype Kapitalismuskritik auch ständig.

Der Kapitalismus ist ein dynamisches System. Wenn er angegriffen wird, macht er einen Neustart mit Systemupdate. Es mangelt den Menschen an grundlegenden Gütern zu ihrer Versorgung? Der Kapitalismus antwortet mit der Massenproduktion. Die Industrieproduktion schadet der Umwelt? Der Kapitalismus treibt die Energiewende und die Öko-Technologie voran. Wir finden uns in Massenproduktion und Nivellierung nicht mehr wieder? Dann stellt der Kapitalismus eben auf die Befriedigung von immer mehr persönlichen Bedürfnissen um. Was immer seine Feinde und Gegner auch unternehmen, selbst wenn sie versuchen, aus der freien Wirtschaft ein neues Berufsbeamtentum zu machen: Der Kapitalismus setzt sich durch, weil er sich herausfordern lässt. Er macht aus Widerständen Lösungen. Seine Kritiker wollen keine andere Meinung hören? Sie springen beleidigt hoch und stampfen trotzig auf, wenn die Wirklichkeit nicht mit ihren Vorstellungen übereinstimmt? Gut. Der Kapitalismus verändert unterdessen sein Angebot. Auch das ist nicht gleich zu erkennen. Aber wer sich die ungeheuren Veränderungen im Selbstbild von Unternehmen seit

Wer sich die ungeheuren Veränderungen im Selbstbild von Unternehmen seit den 1960er Jahren ansieht, wird verstehen, dass wir es hier mit einem System zu tun haben, das wahrhaft evolutionär ist. Der Kapitalismus ist entwicklungsfähig, während die Kritik an ihm stagniert.

den 1960er Jahren ansieht, wird verstehen, dass wir es hier mit einem System zu tun haben, das wahrhaft evolutionär ist. Der Kapitalismus ist entwicklungsfähig, während die Kritik an ihm stagniert. Das ist wieder die alte Geschichte mit der kurzfristigen Wahrnehmung und der langfristigen Entwicklung. Zeitzeugen der Entwicklung neigen dazu, die krisenhaften Elemente stärker zu betonen als die positiven Aspekte. Lassen wir uns darauf einmal bei der Betrachtung der letzten fünf, sechs Jahrzehnte ein.

Das industriekapitalistische System gerät spätestens in den 1960er Jahren in die Krise – noch während Sozial- und Wohlstandsstaat munter expandieren, ja ihr steiler Aufstieg erst so richtig beginnt. Dass die Konsumgesellschaft ebenfalls unter diesen Vorzeichen volle Fahrt aufnimmt, ist kein Zufall. Mehr Umverteilung bedeutet mehr Konsum. Umverteilt kann aber nur werden, was man erzeugen kann. Die Forderung nach mehr Sozialstaat und mehr Konsum kann deshalb nicht isoliert von der erheblichen Produktivitätssteigerung der Nachkriegszeit betrachtet werden. Nicht Parteien und Gewerkschaften haben den Wohlstand in einer Vorstandssitzung beschlossen, sondern Automation, Technologie und Spezialisierung haben die politischen Wünsche erfüllbar gemacht.

Aber dem großen Fressen folgt die Moral auf dem Fuß. Die Sinnkrise erreicht die USA und Westeuropa schnell, in den 60er Jahren, nach knapp 20 Jahren Prosperität.

Immer mehr Menschen fühlen sich vom Wettrüsten im Kalten Krieg bedroht. Rachel Carsons Bestseller *Der stumme Frühling* wird zur Bibel der frühen Umweltbewegung. Rock 'n' Roll, Beat und Pop rebellieren fröhlich gegen die spießige Nachkriegsgesellschaft. Und die bis dahin weitgehend systemkonformen Eliten wandeln sich: Sie werden systemkritisch. Anfang der 60er Jahre sind Kapitalismuskritiker an den Universitäten und in den besseren Haushalten ebenso selten wie unter Arbeitern und Angestellten. Am Ende des Jahrzehnts hat sich das bei den Eliten gründlich geändert. In den 1970er Jahren verschärft die Energiekrise (der »Öl-Schock« der Jahre 1973 bis 1975) den Zweifel noch erheblich. Bereits Ende der 60er Jahre hatte sich die Konjunktur abgeflacht. Im Jahr 1972 war der erste Superminister für Wirtschaft und Finanzen, der SPD-Mann Karl Schiller, im Streit aus dem Kabinett des Bundeskanzlers Willy Brandt ausgeschieden: Schiller wollte die Ausgabenpolitik nicht länger mittragen. Es blieb die einzige persönliche Konsequenz eines deutschen Finanzministers, der die Schuldenpolitik, die bald in ganz Europa praktiziert wurde, nicht mittragen wollte: Er wollte der »Verantwortung für diesen Staat und seine Bürger« gerecht werden, schrieb Schiller in seinem Rücktrittsbrief, doch er wäre dabei »nicht unterstützt bzw. sogar daran gehindert worden«.

Niemand konnte von der anschwellenden Euro- und Staatsschuldenkrise etwas ahnen? Politiker, die das behaupten, und das sind die meisten, beweisen nur, wie wenig entwickelt unsere Zivilgesellschaft noch ist. Es gab reichlich Menschen, die laut und vernehmlich und immer wieder davor warnten, was da kommen würde. Dass es der gegenwärtigen Politik dennoch gelingt, in der Öffentlichkeit den Eindruck zu erwecken, sie habe damit nichts zu tun, zeigt nur, dass Manipulationen auch in demokratischen Mediengesellschaften möglich sind. Man behauptet so lange das Falsche, bis es zur Wahrheit wird. Das ist die eigentliche Krise des Systems, mit dem wir zu tun haben.

Wir Kapitalistenschweine

Wir haben uns daran gewöhnt, Krisen von Systemen und ihren Teilen sorgfältig und sachlich zu analysieren. Aber was ist eigentlich mit uns? Wir sind ohne Zweifel die, für die das ganze System gelaufen ist. Ob wir wollen oder nicht: Wir sind die Gesellschafter der Konsumgesellschaft. Wir sind die Couponschneider des Kapitalismus, die direkt, meist aber indirekt über soziale Systeme, Förderungen, Subventionen, von denen uns die meisten gar nicht bewusst sind, vom System profitieren. Jede Krise des Kapitalismus ist in erster Linie unser Problem, das wir nicht delegieren können. Die Krise, das ist kein fernes, abstraktes, fremdes System, das wir nicht beeinflussen können. Wir sind die Krise. Wir sind die Kapitalisten.

Das finden jetzt wahrscheinlich nicht wenige ganz schlimm. Doch was, zum Beispiel, wäre denn nun das Verhalten eines ökologisch und sozial verantwortlich denkenden Kunden aus, sagen wir mal, Berlin-Kreuzberg, der sich, bevor er im Web etwas kauft, die Frage stellt, ob der Händler und der Hersteller seinen ethischen Standards genügen? Das ist reinstes kapitalistisches Verhalten, bei dem die Marktentscheidung nach einem Qualitätskriterium – faire Produktion – getroffen wird.

> **Die Krise, das ist kein fernes, abstraktes, fremdes System, das wir nicht beeinflussen können. Wir sind die Krise. Wir sind die Kapitalisten.**

Man kann das, wenn einem wohler dabei ist, gerne anders nennen, am Sachverhalt ändert das gar nichts. Wir sehen: Die Frage, wer oder was ein »Kapitalistenschwein« ist, lässt sich gar nicht so eindeutig beantworten, wie sich das die K-Gruppe vorgestellt hat.

Aber bleiben wir mal dabei: Kapitalistenschwein. Das Wort steht für ein galoppierendes Wahrnehmungsproblem.

Es wurde seit Anfang des 20. Jahrhunderts immer wieder von politischen Extremen verwendet, von linken wie rechten Antikapitalisten. Doch das Schimpfwort ist mittlerweile in der Mitte der Gesellschaft angekommen. Das geht nur, weil sich die breite Mehrheit, die Mitte, die sich sonst so schwer verorten lässt, von diesem Wort nicht betroffen fühlt. Dass sich in dieser neuen Mitte viele Milieus tummeln, tut dabei nichts zur Sache. Kapitalistenschwein zu sagen ist zwar nicht die ganz feine Art – aber man müsste schon auf einer Investmentbanker-Hochzeit gelandet sein, um damit unangenehm aufzufallen.

Vor vielleicht 50 Jahren war ein Kapitalistenschwein jemand, der eine dicke Zigarre rauchte und ein dickes Auto fuhr, vorzugsweise einen »Bonzenwagen« der Marke Mercedes-Benz. Das Kapitalistenschwein konnte als Unternehmer tätig sein oder als »Herr Direktor« – die Genderfrage war noch nicht im verbalen Klassenkampf angekommen. Auf jeden Fall aber war das Kapitalistenschwein ganz eindeutig und klar erkennbar auf »der Seite des Systems«, wie es bald nicht nur in Kreisen der Studentenbewegung hieß. In westlichen Ländern mit marktwirtschaftlicher Verfassung wie der Bundesrepublik Deutschland war der Unternehmer eine Leitfigur, insbesondere in den Aufbaujahren der Nachkriegszeit. Das deutsche »Wirtschaftswunder«, wie die Phase der Hochkonjunktur nach dem Zweiten Weltkrieg genannt wird, war nach der Politik des liberalen Wirtschaftsministers Ludwig Erhard gestaltet worden. Auf sozialen Ausgleich wurde geachtet. Der Unternehmer sollte in der Öffentlichkeit eben nicht mehr wie der Nachfolger der alten Gutsherren agieren, autoritär und seinen Reichtum demonstrativ konsumierend, während seine Mitarbeiter so knapp wie möglich gehalten wurden.

Das war eine Gesellschaft, die auf Ungerechtigkeiten Wert legte und die damit gleich auch eine der wichtigsten menschlichen Eigenschaften, das Bedürfnis, sich unterscheiden zu wollen, diskreditierte.

Ohne Zweifel war dieses Erbe der alten feudalen Gesellschaft mit einer massiven Trennung zwischen oben und unten vielfach von der alten Unternehmerklasse kopiert worden. Das war eine Gesellschaft, die auf Ungerechtigkeiten Wert legte und die damit gleich auch eine der wichtigsten menschlichen Eigenschaften, das Bedürfnis, sich unterscheiden zu wollen, diskreditierte.

Nach dem Zweiten Weltkrieg hatte man aber dazugelernt: Die Unternehmer waren in die gesellschaftliche Mitte integriert, die Konsumgesellschaft bot wesentlich mehr Teilhabe, und die Sonderkonjunktur der Nachkriegszeit brauchte viele Aufsteiger. Der Kapitalismus sorgt heute in den Schwellenländern dafür, dass Klassenschranken fallen, weil man die Talente von »unten« einfach braucht. Das ist zielführender als alle gutgemeinten Programme zur Überwindung sozialer Unterschiede.

Unser deutscher Familienunternehmer fuhr unterdessen vielleicht immer noch einen dicken Daimler, aber seine Frau war bereits auf den Volkswagen Golf umgestiegen. Diesem Wagen kommt in der deutschen Wirtschaftsgeschichte eine besondere Rolle zu: Er galt von Anfang an als »klassenloses Modell«, vor allen Dingen in den ersten Jahren seines Erscheinens. Ausgerechnet an einem Auto zeigt sich also die beginnende Abkehr von materiellen Statussymbolen. Zumindest die Angehörigen von Kapitalistenschweinen wollten keine Kapitalistenschweine mehr sein. Abweichendes Verhalten wurde immer unmöglicher. So entstand eine paradoxe Gesellschaft, die auf der einen Seite mehr Vielfalt und Selbstverwirklichung suchte, aber wo der Einzelne bis heute peinlich darauf bedacht ist, sich nicht aus der Masse abzuheben – und der sich, wenn er es nun doch tut, für sich selbst schämt.

Wie viele Menschen kennen wir in unserer Umgebung, die den Kapitalismus verteidigen würden – und zwar grundsätzlich, weil sie sich darüber im Klaren sind, dass er den Zustand der Welt faktisch und nachweislich verbessert hat? Die Frage ist nicht unerheblich, denn jede Form von Reform, Veränderung, Erneuerung unseres Verhältnisses zum Kapitalismus hängt davon ab. Man kann sich nicht konstruktiv mit etwas beschäftigen, dessen Existenz man ablehnt oder leugnet. Gibt es heute noch jemanden, der den Kapitalismus verteidigen würde? Gibt es Menschen, die sich sogar mit seinen Zielen identifizieren?

Zivilkapitalisten

An der Zeppelin Universität in Friedrichshafen sitzt ein Dutzend Studenten in einem Vortragsraum. Sie werden in der Industriestadt am Ufer des Bodensees zu Managern ausgebildet, sowohl für private Unternehmen wie auch für den öffentlichen

Sektor, im Kommunikations- und Medienbereich ebenso wie im Kulturmanagement. Die meisten hier sind um die 20 Jahre alt.

Sie sollen bald schon das »System« gestalten und steuern. Als »Manager« zu arbeiten, bedeutet heute keineswegs mehr automatisch, in einem profitorientierten Unternehmen tätig zu werden. Wer hier studiert, kann einmal im Vorstand eines Unternehmens landen, als Unternehmer selbst die Wirtschaft gestalten, aber auch Behördenleiter werden, Journalist, Chefredakteur oder Meinungsbildner. Einige werden Kulturbetriebe organisieren, Theater, Museen oder Opernhäuser, Galerien und Literaturverlage. Aber kaum jemand unter ihnen wird noch ein Manager im Sinne des Industriekapitalismus sein, also der ausführende Organisator der Fabrikarbeit. Führungskraft und Manager – das sind heute Berufe mit einer vielfältigen Bedeutung. Was als gemeinsamer Nenner hervortritt, ist das Vermögen, die Talente und Fähigkeiten der Mitarbeiter einer Organisation bestmöglich zur Geltung zu bringen. In einer wissensgetriebenen Wirtschaft sind das Wissen und das Know-how der Mitarbeiter die mit Abstand wichtigste Ressource und das bedeutendste Produktionsmittel. Je genauer die Führungskraft die jeweils unterschiedlichen Talente und Fähigkeiten zu erkennen und zu fördern vermag, desto höher fällt letztlich der Gewinn aus.

Wer seine Leute normiert, verliert hingegen. Das ist eine völlige Änderung des Führungskonzepts, an das sich allerdings die meisten Manager noch nicht gewöhnt haben. Für sie herrscht die Fabrikgesellschaft. Die Zeppelin Universität gilt als unorthodox, ihr Selbstbild hat sie als »Hochschule zwischen Wirtschaft, Kultur und Politik« festgeschrieben, etwas, was man im Allgemeinen als ganzheitlichen, systemischen Ansatz bezeichnen könnte. Breites Interesse bei den Studierenden ist wichtiger als gute Zeugnisse. Man will keine Fachidioten, sondern eine Avantgarde, die die Universität »Pioniere« nennt, Pfadfinder des Zivilkapitalismus.

Hier findet man keine Yuppies. Aber sind sie Kapitalisten? Können sie sich mit dem »System« identifizieren? Die Antwort ist im besten Sinn ernüchternd. Kein Pathos, sondern Pragmatismus bestimmt ihre Vorstellungen vom Kapitalismus. Wie können wir nachhaltig wirtschaften, wie kriegen wir Verteilungsgerechtigkeit hin, was können wir tun, damit aus einem Unternehmen eine Organisation wird, in der jeder Einzelne sich so gut wie möglich entfalten kann – und wie lässt sich diese Selbstverwirklichung für alle am besten nutzen?

Die alberne »Ich«- oder »Wir«-Rhetorik herrscht hier nicht. Kapitalismus ist ein Werkzeug – was sonst? Keine Religion, keine Ideologie. Und deshalb braucht man auch nichts davon, um ihn zu zähmen – sondern man nutzt ganz selbstverständlich seine Möglichkeiten, um die Welt besser zu machen. Was Studenten von heute von den vorhergehenden Nachkriegsgenerationen unterscheidet ist, dass ihnen gar nichts anderes übrig bleibt als nüchtern zu sein und praktische Verantwortung zu übernehmen. In den Gesprächen wird klar, dass die meisten wissen, dass diese Gesellschaft ein Innen und ein Außen kennt. Das sieht so aus wie eine Wagenburg – dieses Bild hat der Innovationsforscher Erich Staudt einmal geprägt. Die Besitzer von unkündbaren Dienstverhältnissen, Eigentumswohnungen, Beamtenprivilegien und Altersrücklagen sitzen drin und feuern auf die Indianer. Die Rothäute sind die Jungen. Die Sache ist nur die: Alles ist anders als im Wilden Westen. Die Indianer sind in jeder Hinsicht überlegen. Die Wagenburginsassen wissen das. Und deshalb feuern sie nicht nur, sondern versuchen auch, die Indianer zu manipulieren. Das wird nicht gelingen. Die *Natives* wissen, was sie tun.

In den westlichen Gesellschaften spielt sich zwischen Jungen und Alten das ab, was sich zwischen dem Westen und den

Schwellenländern in der Globalisierung ereignet. Die Besitz-standswahrer wissen, dass die Wende nicht zu verhindern ist – aber wenigstens will man sich noch ein bisschen hinüberretten, in die Rente, die Verbeamtung, seine Schäfchen ins Trockene bringen. Das letzte Aufbäumen erlebten wir in der »Generation Praktikum«, die sich lieber in der vagen Aussicht auf eine Festanstellung ausbeuten ließ als sich selbstständig zu machen, also zivilka-pitalistisch zu agieren. Niemand hat den jungen Leuten beigebracht, auf eigenen Füßen zu stehen. Eltern und Schule, Medien und Kultur, Politik und Verbände arbeiten unablässig am Ge-genteil. Aber wer frei sein will, der muss sein eigener Chef sein. Sonst bestimmt ein anderer.

In den westlichen Gesellschaften spielt sich zwischen Jungen und Alten das ab, was sich zwischen dem Westen und den Schwellenländern in der Globalisierung ereignet. Die Besitzstandswahrer wissen, dass die Wende nicht zu verhindern ist – aber wenigstens will man sich noch ein bisschen hinüberretten, in die Rente, die Verbeamtung, seine Schäfchen ins Trockene bringen.

Der linke Verleger Klaus Wagenbach nannte seine Genossen im berechtigten Ärger über deren Mentalität, sich vom Staat versorgen zu lassen, einmal »Inhaber linker Planstellen«. Damit verwies er natürlich auch darauf, dass es sich bei den Leuten, die anlässlich des Marschs durch die Institutionen in ihrer Eigentumswohnung und Festanstellung mit Kündigungsschutz hängengeblieben sind, auch nicht um »Linke« handelt, sondern um *Radical Chic*-Mitläufer, die längst den Mainstream bilden, und die die materielle Lebenswelt ihrer »spießigen« Eltern kopieren, dabei aber Progressismus vortäuschen. Weil ihr Leben nichts Fortschrittliches hergibt, übt man sich in Lippenbekenntnissen und Maulheldentum. Von Nachhaltigkeit und Gerechtigkeit wird gern geredet, doch die Drecksarbeit überlassen die Vertreter des *Radical Chic* lieber der nächsten Generation.

Schwarze Löcher

Und, nicht zu vergessen, auch den Kapitalisten, die man so verachtet. Seit Jahren füllt sich die Liste der materiellen und moralischen Ansprüche gegen Manager und Unternehmen unaufhörlich: Umwelt, Klima, Wachstum, Ernährung, Arbeit, Gesundheit, Bildung, Gender, Gleichheit, Technikkritik und Technologieangst, Globalisierung, Tierschutz und vieles andere mehr steht auf der Agenda, und jeder Punkt davon hat absolute Priorität.

Umwelt, Klima, Wachstum, Ernährung, Arbeit, Gesundheit, Bildung, Gender, Gleichheit, Technikkritik und Technologieangst, Globalisierung, Tierschutz und vieles andere mehr steht auf der Agenda, und jeder Punkt davon hat absolute Priorität.

Der Begriff »Management« ist, wie auch der Begriff des Kapitalismus, zu einem schwarzen Loch geworden, in das ständig gewaltige Brocken an moralischer Materie fallen – Ansprüche, Vorwürfe, Schuldzuweisungen und Forderungen. Manager werden schnell und pauschal vorverurteilt – sie werden im öffentlichen Raum, gestützt durch Politik und Medien, eben doch immer wieder zu den »Kapitalistenschweinen« gemacht, mit denen man selbst nichts zu tun haben will.

Damit wird das Gegenteil dessen erreicht, was man will. Die permanenten Schuldzuweisungen treffen jene Manager, die sensibel genug wären, um Lösungen anzubieten. Sie ziehen sich zurück. Wer übrigbleibt, hat eine dicke Haut, der auch der Dauerbeschuss der Aufmerksamkeits-Lobbies nichts anhaben kann.

Eine weitere Reaktion auf dieses Dauerbashing besteht darin, den eigenen Zusammenhang zwischen sich und dem kapitalistischen System einfach auszuschalten. So wie Oberstudienräte den Umstand, dass ihre Gehälter und Pensionen vom Mehrwert kapitalistischen Handelns bezahlt werden, einfach ausblenden, tun das auch Manager, die selbst täglich in diesen

Systemen agieren. Das hat fatale Folgen: Man gehört nicht dazu. Es geht einen gar nichts an. Das bedeutet auch: Es gibt gar nichts besser oder anders zu machen. Man macht »nur seinen Job«. Die meisten Manager sind keine Kapitalisten, erst recht keine Unternehmer, sondern Mitläufer.

Und das erklärt einiges über den krisenhaften Zustand des Kapitalismus und der Gesellschaft.

Im schweizerischen Davos, nicht weit vom Bodensee und damit von den Ufern des Zivilkapitalismus entfernt, findet in jedem Winter das bedeutendste Führungskräfteforum der Welt statt, in dem die wichtigsten Manager die wichtigsten Politiker treffen. Es ist der Höhepunkt globaler Macht, der sich da im alten Engadiner Kurort versammelt. Im Winter 2012 machte der Gründer und Präsident des Weltwirtschaftsforums *(World Economic Forum)* in Davos, Klaus Schwab, etwas Bemerkenswertes. Er setzte »Kapitalismuskritik« als Oberthema fest. Dann betrat Schwab die Bühne und sprach in seiner Eröffnungsrede vor der versammelten Elite aus Management und Politik davon, »dass der Kapitalismus wohl ein bisschen veraltet sei« und »nicht mehr in die heutige Welt passt«. Schwabs Ansprache löste, wie die *Frankfurter Allgemeine Zeitung* detailgetreu berichtete, sofort heftige Reaktionen aus – und zwar unter »den Vertretern der Linken« wie etwa Sharan Burrow, der Generalsekretärin des internationalen Gewerkschaftsbundes *International Trade Union Confederation* (ITUC), die Schwab – mit entsprechender ideologischer Verstärkung – beisprang. Wollte Schwab, ein kapitalistischer Fundamentalist, bloß provozieren? Kokettierte Schwab aus reinem Opportunismus mit dem Zeitgeist, weil der nicht nur in deutschen Redaktionsstuben so gut ankommt? Vielleicht wusste Schwab auch nur, dass jedes System nur so gut ist wie die Leute, die es

Man gehört nicht dazu. Es geht einen gar nichts an. Das bedeutet auch: Es gibt gar nichts besser oder anders zu machen. Man macht »nur seinen Job«. Die meisten Manager sind keine Kapitalisten, erst recht keine Unternehmer, sondern Mitläufer.

betreiben. Und wie hat das System, also die Menschen, die es bilden, darauf reagiert? Einige Manager nickten. Die meisten saßen völlig ungerührt da. Widerspruch gab es praktisch keinen. Nur einige Manager reagierten mit erheblicher Verzögerung kritisch auf Schwab. Aber die Verteidiger des Kapitalismus wie der niederländische Manager Ben Verwaayen, Vorstandschef von Alcatel Lucent, waren kaum zu hören. Man muss sich das mal vorstellen.

Ist das die geballte Macht des Kapitals? Oder einfach die offensichtliche Ohnmacht eines in Selbstgerechtigkeit und Bürokratie erstarrten Systems, das sich durch nichts von der Welt jener unterscheidet, die es (vorgeblich) kritisieren. Noch nie war es so trostlos, der herrschenden Klasse anzugehören. Kapitalistenschweine? Nein, hier nicht, da müssen Sie sich irren. Das geht uns nichts an. Wir sind nur leitende Angestellte.

Die Hausmeister des Kapitalismus

Keine Frage. Die Spitzenkräfte des Kapitalismus stehen mitten in der Gesellschaft. Sie nehmen die Rolle eines Hausmeisters des Kapitalismus ein. Sie kehren die Stube ein wenig, lüften den Keller, und falls mal wer klingelt, stehen sie verdruckst rum und sagen, dass keiner zu Hause sei und sie niemanden reinlassen dürften. Sie würden sich nur ums Haus kümmern, die Herrschaften sind nicht da.

Sie nehmen die Rolle eines Hausmeisters des Kapitalismus ein. Sie kehren die Stube ein wenig, lüften den Keller, und falls mal wer klingelt, stehen sie verdruckst rum und sagen, dass keiner zu Hause sei und sie niemanden reinlassen dürften.

Mit Kapitalismus hat dieses moderne Management nichts zu tun.

Es gibt Banker, die ihren Kindern raten, auf die mögliche Frage der Lehrerin in der Schule, was die

Eltern beruflich machen, nur ja nicht die Wahrheit zu sagen. Vor 20 Jahren musste man noch in der Rüstung arbeiten oder Atomkraftwerke konstruieren, um seine Kinder derart instruieren zu müssen. Es geht voran, auf Kosten der Transparenz und der Reformfähigkeit der Gesellschaft. Kaum ein Manager hat sich in Krisenzeiten in die Medien gewagt. Und wenn es jemand tat, dann nahmen die Topangestellten ihre bekannt schnoddrige Distanzhaltung ein – was hat das denn mit uns zu tun, bitte? Eine Folge davon ist, dass Leute mit deutlichen Rechenschwächen und mangelndem ökonomischen Wissen die Diskussion beherrschen, während die Praktiker schamvoll schweigen, sich wegducken oder sich – immer öfter – erst gar nicht angesprochen fühlen. Das nützt all jenen, die mit plumpen Vorurteilen gegen die Marktwirtschaft ihr Geld verdienen. Sie können ungestört ihre Deutungsmodelle verbreiten. Sie können mehr Geld von der Gesellschaft fordern, um ihre Lebensmodelle zu finanzieren und zu festigen, zur neuen Normalität zu machen.

Auch hier lohnt es sich, bei Marx und Engels nachzulesen. In ihrem *Kommunistischen Manifest* schreiben sie: »Alle früheren Klassen, die sich die Herrschaft eroberten, suchten ihre schon erworbene Lebensstellung zu sichern, indem sie die ganze Gesellschaft den Bedingungen ihres Erwerbs unterwarfen.«

Beamte, Lehrer, Schauspieler, Regisseure, ehemalige Partei-Generalsekretäre und Künstler, und viele, viele Journalisten definieren nun, was Manager und Unternehmer zu tun haben. Das ist kein Diskurs, sondern ebenjene Klassenherrschaft, die ihre eigene Lebensstellung dadurch zu sichern versucht, dass sie alle anderen erst nach ihrer moralischen Pfeife tanzen lässt – und dann natürlich auch zu bloßen Zahlmeistern ihrer Interessen degradiert.

Das ist exakt das Gegenteil einer offenen Gesellschaft. Nennen wir es ruhig Gesinnungsterror. Jeder Selbstständige weiß, dass er im System der unselbstständig Erwerbstätigen ein Fremdkörper ist, und wer es nicht weiß, hat noch nie mit Finanzämtern, Behörden, Ordnungsämtern, Krankenkassen und Sozialeinrichtungen aller Art zu tun gehabt, die für Freiberufler und Unternehmer dieselben Bedingungen annehmen, die für sie selbst gelten – was schlicht eine massive Benachteiligung für die Selbstständigen bedeutet. Wenn beispielsweise Leute, die ihr Einkommen nicht vom Staat oder vom Lohnbüro erhalten, gefragt werden, was sie im nächsten Jahr verdienen werden, dann zeigt sich darin die unfassbare Präpotenz der Leute, die Marx und Engels gemeint haben. Man darf dabei nie übersehen, dass eine gewaltige Anzahl an bürokratischen Vorschriften nur deshalb existiert, weil sie Arbeitsplätze in der Verwaltung sichert. Produktivitätsfortschritte, Innovationen, Technologie, Leistung und Anstrengung kommen nicht jenen zugute, die sie unter Mühen zustande bringen, sondern einer Bürokratenherrschaft, die alle Modernisierungsgewinne für sich vereinnahmt – und das auch noch zynisch im Namen des »Wir«, der »Solidarität« und der »Gerechtigkeit«. Das »Wir«, das hier gemeint ist, kennt immer ein zynisches »und ihr da«. Das ist die Sprache der alten Klassengesellschaft. Es ist reaktionär, ganz gleich, wo sich die Parteien, die das fordern, selbst verorten.

Die herrschende Klasse im Sozialstaat ist der Angestellte, der leitende Angestellte. Das gesamte System ist auf unselbstständige Erwerbstätigkeit abgestellt, das ist das Ziel der Politik. Wer von einer Beseitigung der Arbeitslosigkeit redet, der sagt ja nicht: Wir wollen, dass die Leute eine gute, ihren Talenten entsprechende Tätigkeit ausüben – sondern sucht Zahler für ein überholtes Sozialsystem, das zu Ende des 19. Jahrhunderts segensreich war, heute aber, und schon seit Jahrzehnten, heillos überfordert ist.

Das richtige Leben im falschen

In systemkritischen Haushalten und Wohngemeinschaften kursiert seit den 1960er Jahren ein Satz des Frankfurter-Schule-Philosophen Theodor W. Adorno: »Es gibt kein richtiges Leben im falschen.« Obwohl das von Adorno ist, kann man verstehen, was es bedeuten soll: Mit Widersprüchen kann man nicht (gut) leben. Seinerzeit hing in linken Wohngemeinschaften auch eine Art Haussegen herum, die eine Ergänzung des Adorno-Spruchs sein sollte: »Wer sich nicht wehrt, lebt verkehrt.«

Aber gegen wen soll man sich konkret wehren, mit Name und Adresse? Wer bleibt denn als Ansprechpartner für den Kapitalismus übrig? Sicher, gelegentlich finden sich dubiose Kriminelle und Zocker. Doch das reicht auf keinen Fall, um all den Unbill mit dem Kapitalismus zu erklären.

Wer sind die Täter? Kleine und mittelständische Unternehmen, die vielzitierten KMU, wohl nicht, denn die werden in der antikapitalistischen Propaganda kaum angegangen. In der EU stellen diese Firmen, die nicht mehr als 250 Mitarbeiter beschäftigen, gut 99 Prozent aller Unternehmen, in Deutschland sind es sogar 99,7 Prozent. Diese kleinen und mittleren wirtschaftlichen Einheiten beschäftigen rund ein Drittel aller unselbstständig Erwerbstätigen. Es sind Bäcker, Kioskbesitzer, Schneider, Dienstleister. Mit denen legt sich kein Antikapitalist an, der sich nicht lächerlich machen will.

Aber wer ist denn dann gemeint? Schon die nächste Stufe ist eine, die den meisten Menschen im Alltag gar nicht mehr so oft begegnet. Das ist typisch für den Antikapitalismus. Je weiter weg das Objekt des Ärgers, desto intensiver tönt die Kritik. Distanz schafft Raum für Stereotype, die für Ideologien lebens-

> Aber gegen wen soll man sich konkret wehren, mit Name und Adresse? Wer bleibt denn als Ansprechpartner für den Kapitalismus übrig? Sicher, gelegentlich finden sich dubiose Kriminelle und Zocker.

notwendig sind. Wen man meint, das sind die Konzernherren, also die Chefs und Eigner der großen Aktiengesellschaften, der »multinationalen Konzerne«, die man im flapsigen Anti-Kap-Deutsch seit jeher »Multis« nennen darf. Und natürlich die Superreichen.

Ja, aber welche? Selbst in den Milliardärslisten von Magazinen wie *Forbes* tummeln sich viele Erben, also Menschen, die durch den glücklichen Zufall der Geburt reich wurden, nicht durch Leistung. Das gilt im kapitalistischen Ethos als zutiefst ungerecht.

In diesem Geist proklamierten Bill und Melinda Gates, der Microsoft-Gründer und seine Gattin, dass ihre Kinder nur einen vergleichsweise winzigen Teil des Erbes in Cash erhalten würden. Eine gute Ausbildung und eine ethische, dem Selbstverantwortungsprinzip folgende Erziehung seien völlig ausreichend, so das Superreichen-Paar, das mit seiner Stiftung ein hocheffizientes Werkzeug zur Bekämpfung von Armut und Krankheiten geschaffen hat. Unternehmer-Kapitalisten wie Bill Gates oder der verstorbene Apple-Gründer Steve Jobs gelten nur mehr völlig vernagelten Leuten als Inbegriff raffgieriger Kapitalisten, und auch der Investor Warren Buffett macht als Philanthrop ebenso viele Schlagzeilen wie als 40facher Milliardär und Chef des Investment-Unternehmens Berkshire Hathaway. Die Gates und Buffett sind Mitglieder der *The Giving Pledge*-Initiative, einer philanthropischen Vereinigung amerikanischer Milliardäre, die den Großteil ihres Vermögens für wohltätige Zwecke spenden. Facebook-Gründer Mark Zuckerberg gehört zu dieser Runde ebenso wie New Yorks Bürgermeister Michael Bloomberg, der einen der größten Finanzinformationsdienste der Welt hat.

Das wahre Enteignungspotenzial liegt, Politiker wissen mehr, ohnehin ganz woanders. Die wahren »Heuschrecken« finden sich in Form von Renten- und Pensionsfonds, die heute den größten Teil des »um den Globus hetzenden Kapitals« ausmachen. Leitende Angestellte, Manager, genießen ähnliche Sozialschutzrechte wie die Kassiererin bei Aldi. Manager sind überdies in den allermeisten Fällen nicht Kapitaleigner, oft noch nicht mal Aktionäre des Unternehmens, für das sie arbeiten. Die echten Heuschrecken sind bessere Verwaltungsangestellte, oft genug beauftragt von kleinen Rentnern.

Obwohl Selbstständige und Unternehmer den mit Abstand größten Teil des real existierenden Kapitalismus ausmachen, sind sie und ihre Werteanschauungen in der Öffentlichkeit kaum präsent. Eine Begründung dafür mag sein: Manager-Herrschaft ist eine Orthodoxie, und auch die Betriebswirtschaftslehre ist orthodox. Der große amerikanische Wirtschaftshistoriker David Landes, Autor von Standardwerken wie *Wohlstand und Armut der Nationen*, schrieb in seinem Buch *Die Macht der Familie* eine Leistungsbilanz des persönlichen Unternehmertums und der wirtschaftlichen Dynamik der Familienunternehmen, die auch in den USA mehr als 90 Prozent aller Firmen ausmachen. Ihr Unternehmertum, ihre Beharrlichkeit auch gegen staatliche Begehrlichkeit, ihre persönliche »Sturheit« in der Durchsetzung ihrer Ziele passt nicht zum opportunistischen Modell des modernen Managements, in dem sich das Mittelmaß zur Macht aufgeschwungen hat. Deshalb werden Unternehmer und Familienunternehmer als »überholtes Relikt abgetan«, wie Landes schreibt, was allerdings ein »gefährlicher Irrweg« sei. Nicht nur für unseren Kapitalismus, sondern auch für jenen, der sich eben mit so großem Nutzen in den Schwellen- und Entwicklungsländern auf den Weg gemacht hat, seien Familienunternehmen von entscheidender Bedeutung.

Landes nennt diese Form von Unternehmen »privaten Kapitalismus«, was uns zu seinem heute üblichen Gegenteil führt: Dem politischen Kapitalismus, den Parteien, Staat und suprana-

Leitende Angestellte, Manager, genießen ähnliche Sozialschutzrechte wie die Kassiererin bei Aldi. Manager sind überdies in den allermeisten Fällen nicht Kapitaleigner, oft noch nicht mal Aktionäre des Unternehmens, für das sie arbeiten. Die echten Heuschrecken sind bessere Verwaltungsangestellte, oft genug beauftragt von kleinen Rentnern.

tionale Organisationen diktieren, jene heute übliche Form des Staatsmonopolkapitalismus, von dem einst der russische Diktator Lenin so schwärmte.

Die von den EU-Staaten 2013 beschlossene Finanztransaktionssteuer wird von kleinen Anlegern bezahlt. Die vom amerikanischen Ökonomen James Tobin im Jahr 1972 entwickelte Steuer (deshalb auch »Tobin-Tax«) gilt als Spekulationssteuer – und deshalb als gerechte Sache. Auf jeden Aktien- oder Anleihenkauf wird eine Steuer von 0,1 Prozent erhoben. Zuweilen taucht sie auch als »Robin-Hood-Steuer« auf. Doch der englische Superheld nahm von den Reichen, um den Armen zu geben – und nicht umgekehrt. Genau das ist aber der Effekt der Finanztransaktionssteuer. Die fast 60 Milliarden Euro aus dieser Steuer stammen vorwiegend aus den Anlagen von Versicherungen und Rentenfonds. Dort liegt das Geld der kleinen Sparer und Anleger, die für ihre Alterssicherung vorsorgen wollen.

Die Adressaten der famosen Antikapitalismus-Kritik sind also keine Kapitalistenschweine, sondern ganz brave Angestellte, die Verwalter und Bürokraten eines einst schillernden Milieus. Dazu kommen zunehmend die Erbengenerationen der Nachkriegszeit, die für jeden Umverteilungsspaß zu haben sind. Merkwürdig dabei ist, wie die Kritik mit der Möglichkeit des sozialen Aufstiegs umgeht. Materielle Aufsteiger gelten in Westeuropa als suspekt – neureich, konsumorientiert, ungebildet und nicht salonfähig.

Das ist die totale Umkehrung aller Ziele, die die Arbeiterbewegung des 19. Jahrhunderts verfolgte – der an Emanzipation, Chancengerechtigkeit und Zugang zu Aufstiegsmöglichkeiten gelegen war. Sie kämpfte für die Durchlässigkeit des Systems, für das Recht aller auf Teilhabe durch Leistung. Doch wer konnte schon ahnen, dass das zu neureichen

Merkwürdig dabei ist, wie die Kritik mit der Möglichkeit des sozialen Aufstiegs umgeht. Materielle Aufsteiger gelten in Westeuropa als uspekt – neureich, konsumorientiert, ungebildet und nicht salonfähig.

Immobilienmaklern auf Ibiza führen würde, zu Leuten im BMW Cabrio oder Menschen, die sich ihr Heim, statt mit Büchern, mit Flachbildschirmen vollkleistern? Die Aufsteigerkritik ist immer auch Bildungsdünkel. Man ist enttäuscht darüber, dass am Ende der Gerechtigkeitskette nicht ein feingeistiger, lesender Arbeiter im Stile des 19. Jahrhunderts herauskommt, sondern ein pragmatischer Konsumist – Pietismus ist ein wichtiges Gewürz in der Gefühlsküche des Antikapitalismus.

Das Fremde, das Kalte

Seit dem Aufbruch der Moderne im 16. und 17. Jahrhundert wurde die Nüchternheit der neuen Zeiten immer wieder mit Hinweis auf die vermeintliche Wärme der alten Tage, der Feudalgesellschaft des Mittelalters, ihrer Mystik und Unterordnung unter Gott beklagt. Der Mensch entledigt sich der Vormundschaft der Götter, indem er sein Schicksal nicht mehr einfach hinnimmt, sondern selbst anfängt, sein Leben zu gestalten. Das bedeutet natürlich auch, dass man alles, was man tut, nun in eigener Verantwortung macht. Kein Gott ist für das Schicksal verantwortlich. Niemandem kann man die Schuld in die Schuhe schieben, wenn etwas nicht klappt. Das ist die Grundlage des Entfremdungsprozesses, und als schließlich die alte, adelige, agrarische, feudale Gesellschaft im Gefolge der Aufklärung an Einfluss verliert und ihre Wirtschaft, den Kapitalismus, installiert, wird diese Entfremdung für alle weithin sichtbar und spürbar. Sie ist kein abstraktes Gefühl mehr.

Karl Marx legt seinen Finger in diese seelische Wunde der verunsicherten Menschen der frühen Industriegesellschaft. Denn was in den Fabriken geschieht, begreifen die meisten Angehörigen der Oberschicht und der Intellektuellen so wenig wie die Arbeiter, die massenhaft dafür rekrutiert werden. Die Romantik reagiert so: Früher war alles besser, klarer, und es war weniger Entfremdung. Am Feld, im alten Handwerk konnte man vermeintlich noch alles überschauen, was man herstellte. In der Fabrik hingegen ist das anders:»Der Gegenstand, den die Arbeit produziert, ihr Produkt, tritt ihr als ein fremdes Wesen, als eine von dem Produzenten unabhängige Macht gegenüber«, schreibt Karl Marx bereits im Jahr 1844 in Paris. Der Arbeiter besitzt nicht, was er erzeugt, und er begreift auch nicht, wozu die in viele kleine Arbeitsschritte zerlegte Tätigkeit im Ganzen gut ist. Es herrscht andauernde Entfremdung, und der Mensch empfindet das als»eine selbstständige Macht [...], feindlich und fremd«.

Das ist das machtvollste Argument gegen den Kapitalismus geblieben. Auch in den aktuellen Krisen ist es das zentrale Argument, dass das»System«viel zu komplex sei, um von Menschen durchschaut zu werden. Das ist exakt das Argument, das man auch gegenüber dem vermeintlich totalitären Informationskapitalismus anwendet.

Man sagt Kapitalismus, meint aber Komplexität. In einer Welt voller Nischen, voller Experten, voll mit Spezialisten und Fachgebieten ist jeder fast immer fremd. Wie einer ältlichen Jungfer ist dem Wohlstandsbürger alles zu viel, zu schnell, zu anders. Entschleunigung und Rückbau wird gefordert. Zum Neokollektivismus kommt die Neoromantik.

Man sagt Kapitalismus, meint aber Komplexität. In einer Welt voller Nischen, voller Experten, voll mit Spezialisten und Fachgebieten ist jeder fast immer fremd. Wie einer ältlichen Jungfer ist dem Wohlstandsbürger alles zu viel, zu schnell, zu anders. Entschleunigung und Rückbau wird gefordert. Zum Neokollektivismus kommt die Neoromantik.

Allerdings muss man auch die Kehrseite der Medaille sehen. Sämtliche Errungenschaften der Moderne gehen auf die Erschließung der Vielfalt zurück. Vielfalt und Komplexität sind zwei Seiten einer Medaille, untrennbar miteinander verbunden. Auch Demokratie und Marktwirtschaft spiegeln sich darin wider.

Wie soll eine Zivilgesellschaft funktionieren, bei der Differenzierung nur eine Nebenrolle spielt, bei der Mehrheitsmeinungen nach wie vor die einzig relevanten sind, bei der nicht eine Vielfalt an Alternativen gesucht wird, sondern wieder der alte »Königsweg«, ein Wort, das schon von selbst verrät, dass es mit Demokratie nichts am Hut hat.

Vielfalt ist die wichtigste Ressource der Wissensgesellschaft. In dieser Welt ist stets das Begreifen, das Denken, das Finden originärer Lösungen wichtiger als die grobe Materie, an die sich die Menschen in ihrer Geschichte so sehr gewöhnt haben, dass sie sich bis heute daran klammern. Das ist kein Nebenproblem auf der Suche nach einer offenen Gesellschaft.

In Deutschland gab es nach den Problemen auf den wissensgetriebenen Neuen Märkten um das Jahr 2000, der sogenannten Internet-Blase, eine massive Renaissance von Produkten und Gütern. Dabei geht es um die gesetzten Prioritäten, das Primat des Denkens also, das vorherrscht: Eine Maschine, eine Anlage, ein Auto oder ein Holztisch sind immer die Folge von Nachdenken, Know-how und Begreifen. Sie entstehen nicht ungewusst. Sie sind der physische Ausdruck eines intellektuellen Vorgangs. Aber das widerstrebt der Schweiß- und Muskelrhetorik, die wir immer noch pflegen.

Sie begreifen nicht, was sie nicht angreifen, anfassen, abtasten können. Die Hand folgt dem Hirn. Wo das anders läuft, regiert der Idiotismus.

Ehrliche Arbeit ist harte Arbeit. Ein Arbeitsethos von Gestern ist immer noch die Norm. Und wer die Horrorszenarien von angeblich außer Kontrolle geratenen Börsencomputern und marodierenden Algorithmen für bare Münze nimmt und nicht für das, was sie sind – einträgliche Gruselgeschichten –, ruft »da habt ihr es!«.

Sie begreifen nicht, was sie nicht angreifen, anfassen, abtasten können. Die Hand folgt dem Hirn. Wo das anders läuft, regiert der Idiotismus.

Hier ist keine Metaphorik im Spiel. Denn Rückbau, Besinnung auf das manuelle, auf die Welt der Dinge, das Gegenständliche – das ist von A bis Z das alte mittelalterliche Weltbild, das schon während der Industrialisierung durch die deutschen Köpfe rauschte. Im Zweifel zurück – das ist, was dieses Wesen über alle Zeitläufte hindurch so unverwechselbar macht. In einer Gesellschaft, in der Kopfarbeit aber zweitrangig ist, in der Leute, die sich mit der kreativen Lösung von Problemen beschäftigen, als »Gestörte« gelten oder als »Querdenker«, sind Entwicklungsstörungen auf dem Weg in die Wissensgesellschaft unvermeidlich.

Braucht man denn auf dem Weg in die Wissensgesellschaft noch Manager?

Das englische Wort »Manager« setzt sich aus den lateinischen Stämmen *manus* und *agere* zusammen, also aus den Wörtern für *Hand* und *führen,* im Sinne von *anleiten.* Im Laufe des Aufstiegs dieses Begriffes, der untrennbar mit dem Industriekapitalismus verbunden ist – und hier wiederum im 20. Jahrhundert zu voller Blüte gelangt –, gab es viele Interpretationen, Ableitungen und noch mehr Verwechslungen allgemeiner und spezieller Führungsaufgaben mit jenen, die das Management verlangt. Im Alltag vermischt sich das immer stärker. Manager sind keine Unternehmer, die auf eigenes Risiko Kapitalismus betreiben. Die ersten Vertreter des Managements in den englischen Fabriken wurden unter Gefängnisdirektoren rekrutiert. Dort wusste man Menschen auf engstem Raum und unter schwierigen Bedingungen zu disziplinieren und zu formen. Eine Fabrik ist ein Ort, wo dem Arbeiter eine Art Stellvertreterrolle für ein Maschinenteil zukommt, das solange nach einem festen Muster funktionieren muss, bis ein echtes Maschinenteil dafür entwickelt wird. Automation, also die durch Maschinen und Systeme und Methoden durchgeführte Abwicklung von Arbeitsprozessen, hat viele Vorteile gegenüber der menschlichen Arbeitskraft. Die Maschine braucht zwar Wartung, hat aber weder Ruhe- noch Hygienebedürfnisse wie der Mensch. Das industrialistische Ziel also muss es sein, den Menschen als ersetzbaren Faktor anzusehen, und an seine Stelle die Maschine zu rücken. Vorübergehend wird der Mensch dazu zum Maschinenbestandteil.

Charlie Chaplins großartige Fabrikszenen in *Modern Times* sind ein Gleichnis für die Funktion des Mitarbeiters an sich. Dem Management kommt im Industriekapitalismus die Aufgabe der Kontrolle und der Steuersoftware für diese Mensch-Maschine, die eine Fabrik letztlich ist, zu. Manager sind nicht dazu da, um Innovation zu treiben – das ist die Aufgabe des kreativen Unternehmers – sondern dazu, den Erhalt des Systems zu *sichern*. Bestenfalls sollen sie es optimieren und effizienter machen. Manager zu sein bedeutet bis heute eine sehr mechanistische Arbeit zu verrichten. Die Hand, die führt, ist im Wortsinn zu verstehen: Es geht nicht um großartige Abstraktion, sondern um Schematisierung.

Es ist kein Zufall, dass die Theoretiker des Managements gut zu der Vorstellung von solch grober Lenkung passen. Der französische Bergbauingenieur Henri Fayol gehört mit dem Amerikaner Frederick Winslow Taylor, dem Schöpfer des nach ihm benannten »Taylorismus«, zu den richtungsweisenden Denkern des industriellen Managements im 20. Jahrhundert. Taylors Effizienzwahn ging so weit, dass er sämtliche Arbeitsabläufe der Mensch-Maschine auch für Büroangestellte normieren wollte. Sein berühmter Taylor-Tisch wird heute noch bestaunt. Man hat das Werk eines Irren vor sich. Alle Handbewegungen, vom Anspitzen des Bleistifts bis zur Ablage der Büroklammern, sind vorgegeben. Die Eingeweide des Monsters, das Zahnradwerk und die Transmission des dampfspeienden Ungeheuers des Industriezeitalters haben nun auch den Arbeitsplatz der schreibenden und rechnenden Diener des Systems erreicht, und auch für sie gilt das Gesetz des »stahlharten Gehäuses«, aus dem es kein Entrinnen gibt.

Der Franzose Fayol schuf mitten im Ersten Weltkrieg ein Klassifikationssystem für das Management, das bis heute gelehrt wird. Es sind fünf Funktionen, aus denen alles Management besteht, meint Fayol: (1) das Planen, (2) das Organisieren, (3) das Befehlen, (4) das Koordinieren im Sinne des Handelns und (5) das Kontrollieren, also das Feststellen, ob all die vorangegangenen Schritte erfolgreich gewesen sind. Es ist klar, dass man dann wieder von vorne loslegt. Diese fünf Stufen des Managements, seine »Funktionen«, wie Fayol sie nennt, werden ergänzt durch insgesamt 14 Management-Prinzipien: Die Arbeitsteilung, die Autorität und Verantwortung, die Disziplin der Organisation, die Einheit der Auftragserteilung, die Einheit der Leitung, die Unterordnung persönlicher Interessen unter jene der geführten Gruppe, also des Gesamtinteresses, das Lohn- und Personalwesen, die Zentralisierung aller Prozesse, klare Befehlshierarchien, Ordnung, Gerechtigkeit, ein straffer Führungskader, Engagement und Initiative sowie Korpsgeist.

Kurz: Wir-Gefühl × Unterwürfigkeit + Normierung.

Fayols Management-Eigenschaften spiegeln sich bis heute in praktisch allen neuen Management-Theorien wider. Sie sind unsterblich, wenn es um Management geht. Sie sind der militärischen und ständischen Ordnung entlehnt, uralt, und werden seit der Antike von Machthabern zur Unterwerfung und Ausbeutung anderer verwendet. Und sie spiegeln auch die totalitären Systeme wider, die in der Industriegesellschaft so passend schienen: Zentralismus vor dezentraler, demokratischer Entscheidung – ein starkes Management, ein starker Staat, eine starke EU. Das Kollektiv, die Partei, hat immer Recht. Das ist die Gemeinwohldefinition. Führung, Ordnung, »Gerechtigkeit«. Alles im Namen des Korpsgeistes, des Teams, der »Gemeinschaft«, des »Wir«. Der Gruppendruck sorgt für ein hohes Maß an Selbstdisziplin. Daran hat sich bis heute im Kern wenig geändert.

Mythos der Maschine

Die Mensch-Maschine, die der Industriekapitalismus geschaffen hat, bringt als Hohepriester den politischen und ökonomischen Manager hervor, den Beamten der totalen Macht. Das gefährlichste Tier ist der Schreibtischtäter, der mediokre Angestellte, der fleißige und pflichttreue Beamte. Der Industrialismus liebt diesen Typus, der Monster wie Adolf Eichmann gebiert, dessen »Banalität des Bösen« Hannah Arendt so eindrucksvoll beschrieb. Man führt Befehle aus. Selbst hat man keine Meinung. Wozu auch?

Das Management ist selbst Teil einer Maschine. Eine der herausragenden Analysen unserer Zeit ist die vom amerikanischen Denker Lewis Mumford 1967 und 1970 veröffentlichte Arbeit *Mythos der Maschine*. Mumford lenkt unseren Blick zunächst auf *de septem mundi miraculis*, die sieben Weltwunder, die großen Werke der Antike. Es sind Monumente, unübersehbare physische Zeichen der Macht. Dinge, die man anfassen kann und die Ehrfurcht einflößen: die Pyramiden von Gizeh, der Tempel der Artemis in Ephesos, das Grab des Königs Mausolos II in Halikarnassos, die Zeusstatue in Olympia, die Hängenden Gärten der Semiramis in Babylon, der Koloss von Rhodos und der Leuchtturm von Pharos. Das sind beeindruckende Leistungen, aber tatsächlich großartig ist das Management, die Organisation hinter diesen »Weltwundern«.

Mumford sieht, dass es nicht die Hebel und Werkzeuge der Antike waren, die die Pyramiden hochzogen, sondern die Organisationsfähigkeit der ägyptischen Verwaltung. Organisation und Management kann man im Gegensatz zu ihren Ergebnissen nicht sehen. Sie aber sind, sagt Mumford, die eigentliche »Mega-Maschine«.

> **Das gefährlichste Tier ist der Schreibtischtäter, der mediokre Angestellte, der fleißige und pflichttreue Beamte.**

Das ist der tatsächliche Wendepunkt in der Geschichte der Menschheit, der wahre Take-off. Die Mega-Maschine ist die Formel zu Macht und Verwaltung, die Idee, in der »Menschen als mechanische Kräfte sozialisiert werden«. Vor der Mega-Maschine waren Einzelgänger mit »Ein-Mann-Werkzeugen«, wie Mumford es nennt, unterwegs, starke, kreative Individualisten. Aber diese Persönlichkeiten erkannten, dass sich ein besseres System schaffen ließ, mit dem man bei weitem mehr bewerkstelligen konnte, ein System, »das sich als frühestes Arbeitsmodell für alle späteren komplexen Maschinen erweisen sollte«. Die Maschine bestand aus Menschen, deren Arbeit (und damit Leben) man organisierte. Das Ergebnis dieser bahnbrechenden Idee schuf ein politisches und kulturelles System, zu deren Erben wir nach wie vor gehören, ganz gleich, ob wir uns als Freunde des Individuums oder des Kollektivs verstehen. Diese Grundordnung der Macht half dabei, schreibt Mumford, »vor 5000 Jahren technische Aufgaben zu bewältigen, die sich mit den heutigen Höchstleistungen der Massenproduktion, der Standardisierung und der präzisen Planung messen können«. Die industrielle Revolution bestand demnach darin, aus den organisierten »Menschenteilen« der Maschine nun tatsächlich mechanisch verlässlichere Maschinen zu schaffen. Am System selbst, Menschen zu komplexen Arbeits-Organismen zusammenzuführen, ändert das nichts.

Für Mumford ist das ein universelles System, eine Mega-Maschine, die alles erfasst. Sie ist zum Bau von Weltwundern so gut geeignet wie für die Kriegsführung. Man braucht sie, um Staaten zu bilden und politische und bürokratische Herrschaft auszuüben. Der Prozessor der Mega-Maschine besteht aus einer Hierarchie und einem Verwaltungsapparat. Es ist gespenstisch, wie sehr der Aufbau des alten ägyptischen Pharaonenstaates der Hierarchie eines modernen, managergeführten Unternehmens gleicht.

Die Software, die die Mega-Maschine am Laufen hält und vom Prozessor verarbeitet wird, besteht aus Ideologien, Religionen, Orthodoxien, Dogmen und, bei Bedarf, organisierter nackter Gewalt. Widerstand, Zweifel, Gegenwehr gab es immer. Aufstände, Revolutionen und Krisen entsprechen in diesem Bild einem vorübergehenden Systemabsturz. Nach jedem Neustart aber läuft die Mega-Maschine wieder an.

Die Erfindung und der Einsatz der mechanischen Maschine anstelle unberechenbareren Menschenmaterials ist ein großer Durchbruch für die Macht, findet Mumford. Denn ab nun kann man den Aberglauben und den ganzen metaphysischen Zinnober beiseite lassen, der ja stets auch Widersprüche erzeugte – wie etwa im Christentum, das stets eine herrschende und eine der Basis zugewandte Seite kannte. Das System ist extrem effizient.

Und die Organisation wird selbst zur Maschine, zum Mythos. Das ist keineswegs eine kapitalistische Idee oder Eigenart. Gerade in den sozialistischen Ländern herrschte ein massiver Maschinenkult. Und stand nicht die Partei, die Organisation, über allem? Die feindlichen Brüder aus Industriekapitalisten und Antikapitalisten sind sich, das ist die Ironie der Geschichte, sehr nahe.

Effektiv oder effizient

»Prozessoptimierung« und ein »Scientific Management« machen den Manager bis heute aus. Ein tiefer Aberglaube an die Effizienz ist geblieben. Aber kaum jemand kennt den Unterschied zwischen Effizienz und Effektivität. Effizienz heißt, an einer Sache immer wieder festzuhalten und sie zu optimieren, zu verbessern. Aber man dreht sich im Grunde im Kreis. Es ist ein Hamsterrad, das man nie verlässt. Das ist der Kern industriellen – und natürlich industriekapitalistischen – Denkens. Effektivität hingegen heißt, die Dinge nach ihren Folgen, ihren Effek-

117

ten, nach zu denken und zu beurteilen. Das ist der Nukleus aller unternehmerischen Überlegungen, der kreative Impuls der Erneuerung – und nebenbei die einzige vernünftige Definition von Nachhaltigkeit.

Es geht darum, den Laden am Laufen zu halten. Damit ist aber schon das Dilemma der Entwicklung des späten Industriekapitalismus, in dem sich das System und sein Management befinden, ausgesprochen. Manager passen nicht zu einer Ökonomie der Vielfalt, zu einer Wissensökonomie. Der Manager mit seinem Effizienz- und Normierungsdenken ist für die Wissensgesellschaft und für den Zivilkapitalismus einfach nicht zu gebrauchen. Manager wirken in der Welt der Netzwerke und des Wissens so altertümlich wie Musketiere oder Kutscher. Manager sind Menschenführer, also Leute, die anderen Leuten sagen, was sie zu tun haben. Die Zivilgesellschaft aber braucht Menschen-entwickler, Führungskräfte, die die Talente der Einzelnen zur Entfaltung bringen, ohne sie in ein Schema oder eine Form zu bringen.

Braucht man dazu eigentlich noch Manager? Hans Hinterhuber, Professor für Unternehmensführung an der Universität Innsbruck und Autor des Standardwerks *Leadership – mehr als Management*, winkt ab. Sein Führungsanspruch sieht anders aus: »Die Grundaufgabe von Führung ist, denke ich, sich für Menschen zu interessieren, ihnen zu helfen, sich zu entwickeln, ihr maximales Leistungspotenzial zu erreichen und sie anzuregen, vielleicht etwas höher zu streben, als sie es selbst für möglich halten.« Auf keinen Fall dürfe man das aber mit Management verwechseln, so Hinterhuber. Management ist per Definition das »Lösen von Problemen im Sinne von Optimieren von etwas, das es schon gibt«.

Die Mega-Maschine verliert ihre Funktion. Doch dazu muss man ihr noch den Sprit abdrehen, den Stoff, aus dem die alten Illusionen sind, aus dem die alte Macht sich nährt: die alte Moral.

Management ist also *statisch* und nicht *unternehmerisch*. Genau das Gegenteil dessen, was eine vielfältige, offene und bewegliche Zivilgesellschaft braucht. Im Zivilkapitalismus gibt es kein Primat des Managements mehr. Die Mega-Maschine verliert ihre Funktion.

Doch dazu muss man ihr noch den Sprit abdrehen, den Stoff, aus dem die alten Illusionen sind, aus dem die alte Macht sich nährt: die alte Moral.

TEIL 3

MORAL UND KAPITALISMUS. DIE GUTEN UND DIE BÖSEN

*Eine Geschichte ist nur eine Geschichte,
bis die Leute sie glauben. Dann nennen sie sie:
die Wahrheit.*

AUS DEM FILM *ARGO*, USA 2012

Eine Grundannahme über den *Homo oeconomicus* lautet: Moral und Eigeninteressen lassen sich nicht in Einklang bringen. Mit diesem Urteil verhält es sich wie beim ähnlich populären »Geld verdirbt den Charakter«. Das tut es nicht. Geld ist nicht gut oder böse. Geld verwenden wir, weil wir Bedürfnisse aller Art auf diese Weise erfüllen können, wenn wir es wollen. Das ist ein zivilisatorischer Fortschritt von hohem Wert. Damit steigen unsere Freiheitsgrade. Geld ist und bleibt ein Mittel zum Zweck, ein Repräsentant dessen, was wir wollen. Was durch das Geld zutage tritt, ist das, was wir wollen, und wenn das mit unserem Charakter nicht übereinstimmt, dann gibt es nur zwei Möglichkeiten: Wir sind gespaltene Persönlichkeiten geworden oder Heuchler. Unter den moralischen Vorzeichen unserer Tage ist beides zugleich wahrscheinlich. Geld verdirbt nicht den Charakter. Das erledigt eine alte Moral. Die sehen wir uns genauer an, denn aus ihr nährt sich das Gespenst des Machtmissbrauchs und der Manipulation, zwei Voraussetzungen für den Antikapitalismus unserer Tage – und die dazugehörige Entmündigung großer Teile der Menschheit.

Der *Homo oeconomicus* ist einer der Kampfbegriffe eines radikal manipulierenden Antikapitalismus geworden, der links wie rechts und auch in der bürgerlichen Mitte verwendet wird. Man hält ihn für identisch mit dem rücksichtslosen Ego, das in konservativen wie linken Eliten als unanständig gilt, nicht zuletzt deshalb, weil Eigensinn des Einzelnen immer auch Ungehorsam gegen Hierarchien bedeutet. Und da sind sich die alten und die neuen Reaktionäre einig: Parieren muss das Volk. Sonst wird es nichts mit der Herrschaft, ganz gleich, ob man sie als göttliche Ordnung oder als revolutionär bezeichnet.

Die falsche Erinnerung

Der *Homo oeconomicus* ist ein Popanz, gezeugt zum Zweck der Propaganda. Die Forschung gibt keinen rein rationalen, vernünftigen, allein auf Eigennutz dressierten Menschen her. Das egoistische Menschenbild, das man in diesen Begriff hineininterpretiert, ist wissenschaftlich nicht haltbar. Es ist deterministisch, denn es dient dazu, bestimmte Menschen und Berufe auf ein eindeutiges Verhalten festzulegen, und es ist damit immer auch rassistisch und diskriminierend. Es ist eine dramatische Reduktion von Realität – und passt damit genau in die Tradition des linken und rechten Totalitarismus des 20. Jahrhunderts. Wenn dieses Urteil nun schockieren würde, dann wäre das ein guter Anfang. Denn unsere ganz gegen die Interessen des Individuums ausgebildete Moral ist der größte Gegner auf dem Weg zur Emanzipation und Freiheit, zu echter Demokratie und Selbstbestimmung. Unser Problem besteht darin, dass wir versuchen, den Teufel durch den Beelzebub auszutreiben. In der aktuellen Debatte um eine neue Sichtweise von Wirtschaft geht es fast immer um moralisch aufgeladene Begriffe wie »Wir« und »Gemeinschaft«. Die sind nicht die Lösung. Die sind das Problem.

Diese Welt und diese Wirtschaft haben nicht zu wenig Moral, sie haben zu viel davon – und zwar alte Moral, die darauf setzt, durch Vorurteile und Ausgrenzung, Verbote, Regeln und Verhinderungen die alte Macht am Laufen zu halten. Das geht auf Kosten unserer persönlichen Entwicklung. Moral steuert – mal erkennbar, weit öfter aber unbewusst und im Hintergrund – unsere Einstellungen zur Wirtschaft und zu unserer eigenen Rolle in ihr. Die Moral macht es möglich, mit Widersprüchen zu leben und sie

Diese Welt und diese Wirtschaft haben nicht zu wenig Moral, sie haben zu viel davon – und zwar alte Moral, die darauf setzt, durch Vorurteile und Ausgrenzung, Verbote, Regeln und Verhinderungen die alte Macht am Laufen zu halten.

»für ganz normal« zu halten. Bevor man über einen neuen Zugang zum Kapitalismus redet und eine Ethik, die der offenen Gesellschaft entspricht, muss man sich die Frage stellen, mit welcher Moral wir den Kapitalismus beurteilen.

Wie ist es möglich, dass sich gute Christenmenschen und ganz und gar antiklerikale Marxisten mit ökologisch bewegten Bürgern und wertkonservativen Eliten so einig sind in ihrer Ablehnung des Systems – und vielfach auch in ihrer Ahnungslosigkeit, was sich damit anstellen ließe?

Wie kommt es, dass man mit dummen Sprüchen vom Schlage »Geld verdirbt den Charakter« überall punkten kann, unter Schwarzarbeitern ebenso wie unter Bankdirektoren, unter Kirchenmännern so gut wie unter Grundschullehrern, die ihre Gewerkschaften regelmäßig vorschicken, um etwas mehr von dem zu bekommen, was ihrem Charakter so viel Schaden zufügen muss?

Niemand hat den aktuellen Teufelskreis besser beschrieben als der Professor für Wirtschaftsethik Karl Homann: »Die Menschen haben moralische Probleme mit der Marktwirtschaft. Moralische Fragen können nicht mit Hinweisen auf die gute Performance der Wirtschaft [...] beantwortet werden.« Die »neue Systemdiskussion« unserer Zeit, so Homann, sei nichts weiter als die Folge der Unfähigkeit der Kapitalisten und Kapitalismustheoretiker, »moralische Antworten zu geben, die an die moralischen Intuitionen der Menschen anschließen und nicht von ihnen verlangen, ihre Ideale der Freiheit und Würde des Einzelnen und der Solidarität aller Menschen aufzugeben«.

Selbst aufgeschlossene, kritische, gebildete Bürger, so Homann, würden meinen, dass »Ethik und Unternehmenserfolg in einem Widerspruch zueinander stehen, besonders in Zeiten der Shareholder-Value-Doktrin«. Homann kommt das große Verdienst zu, erkannt zu haben, dass diese scheinbare moralische Grundwahrheit auch von den meisten Kapitalismusbefürwortern vertreten wird: »Wirtschaft und Wirtschaftswissenschaften sind ebenfalls von dieser Auffassung angekränkelt, deshalb vermögen sie auf solche Vorwürfe nur defensiv zu antworten, mit Hinweisen auf ›Sachzwänge‹ und Wettbewerb etwa, auf Renditeerwartungen und feindliche Übernahmen.«

Das ist auch die Argumentation der meisten Manager geworden. Sie persönlich würden diese oder jene Maßnahme gar nicht treffen wollen. Aber das »System« zwinge sie dazu. Was soll man machen? Wenn man es selber nicht tut, machen es die anderen. An diesem Beispiel sehen wir, wie stark die Klasse der leitenden Angestellten selbst an der Legendenbildung der Konstruktion eines *Homo oeconomicus*, des Sündenbocks für alles, was schiefläuft, mitwirkt. Die Legende vom heiligen Sachzwang verschleiert, dass wirtschaftliches Handeln stets menschliches Handeln ist. Das ist niemals von persönlicher Verantwortung entkoppelbar. Manager sind Kinder der kollektivistischen Weltsicht. Ihr Wir-Gefühl heißt deshalb immer auch: Ich muss mitmachen, ich will ja gar nicht. Untertanen bleiben ihrer Haltung treu.

Die Zivilgesellschaft ist eine Verantwortungsgesellschaft. Verantwortung ist eine persönliche Sache. Sie lässt sich nicht an eine Moral delegieren, die man sich zulegt, um sich nicht selbst ein Urteil bilden zu müssen. Zivilgesellschaft baut auf ein Höchstmaß an Eigenverantwortung.

Moral und Leitkulturen hingegen lassen sich leicht konsumieren, und sie werden von Politikern und Demagogen immer wieder produziert. Moral bedeutet, sich Anstand und Mitgefühl nach einer bestimmten Norm zuzulegen. Moral ist ethisches Mitläufertum.

Der Kampf gegen die herrschende Moral ist also immer auch ein Kampf gegen Unterdrückung und Dummheit. Schon bei Marx, zeigt uns Homann, war Moral die entscheidende Triebfeder seiner Philosophie. Marx dachte, so Homann, dass man bloß den »Wettbewerb mit seinem Zwang zum Streben nach Erfolg« abschaffen müsse, »weil Moral und Solidarität nur dann eine Chance hätten«.

Demgegenüber trage der Aufklärer und gelernte Moralphilosoph Adam Smith, der Vater des moderneren Kapitalismus, deutlich weiter, und zwar weil er zwischen »Spielzügen und Spielregeln« unterscheide. Das sei, so Homann, eben wie beim Fußball, wo die »Fairness grundsätzlich durch die Regeln garantiert wird, über die ein Schiedsrichter wacht«, während der »Wettbewerb in den Spielzügen stattfindet«.

Dieses Grundmodell moderner Marktwirtschaften, also des entwickelten Kapitalismus, ist weitgehend unstrittig. Wie beim Fußball gibt es Fouls – aber sie sind als solche klar erkennbar und bewertbar. Sie sind nicht, wie es der Mythos des »an sich schlechten Kapitalismus« uns weismachen will, »systemimmanent«. Unanständigkeit ist keine Voraussetzung, um am Spiel teilnehmen zu können, sondern, wie in allen Bereichen des Lebens auch, die Ausnahme von der Regel – und bedarf strenger und klarer Sanktionen. Der Sinn von Fußball ist nicht das Foul. Der Sinn von Wirtschaft ist nicht Betrug.

Gedächtnislücken

Aber woher kommen die Vorurteile? Was ist die Grundlage dieses Denkens? Warum finden wir Profit, Wachstum und persönliches Interesse eigentlich so dubios, schlecht, ja verdammungswürdig? Warum glauben wir, dass man das, was man kriegt, vorher einem anderen wegnehmen muss? Ist es ein Naturgesetz, dass es dort, wo es etwas zu gewinnen gibt, immer auch jemanden geben muss, der etwas verliert? Dass Reichtum Armut schafft? Welche Schere tut sich da auf – und wo? Auch die Erinnerung ist etwas, das sich in unserem Kopf befindet. Man könnte das Gedächtnis auch das Denken über unsere Herkunft nennen, unsere Erfahrung. Wie sehr können wir dieser vertrauen?

Der aus den Niederlanden stammende Hollywood-Regisseur Paul Verhoeven hatte sich für seine Auseinandersetzung mit diesem Zustand des Lernens und Bewusstwerdens eine spannende Zeit ausgesucht, die Wendejahre 1989/90. Verhoeven verfilmte in diesen Monaten eine Kurzgeschichte des charismatischen amerikanischen Science-Fiction-Autors Philip K. Dick namens *We Can Remember It For You Wholesale*, die unter dem Titel *Erinnerungen en gros* ins Deutsche übersetzt worden war. Bekannt geworden ist die Geschichte als Verhoevens Film *Die totale Erinnerung – Total Recall*. Mit Sharon Stone und Arnold Schwarzenegger in den Hauptrollen wurde der Streifen zum Blockbuster. Im Mittelpunkt stehen die Machenschaften eines großen Konzerns namens Rekall Inc. Dieses Unternehmen verkauft Menschen die Erinnerungen, die sie gerne hätten. Das alte Gedächtnis hingegen wird gelöscht. An seine Stelle tritt eine neue Erinnerung, detailliert und facettenreich, eine maßgeschneiderte Wirklichkeit. Jeder weiß, was er wissen will, und jeder erinnert sich an das, woran er sich erinnern soll. Philip Dicks Story ist in unseren Tagen ein Gleichnis biblischer Dimension: Wir können nicht nur sein, was wir wollen, wir wissen auch nichts mehr von dem, was wir mal waren.

Jemand hat uns eine totale Erinnerung verpasst. Genau das ist die Funktion von Kultur und Moral. Sie dressieren unser Bewusstsein, bestimmte Dinge so wahrzunehmen, wie sie die herrschende Moral gerne hätte – und nicht, wie sie sind. Wir können unserer Erinnerung nicht trauen. Denn sonst würden wir erkennen, wie weit wir es im Kapitalismus gebracht haben – und noch bringen könnten. Als Gestalter, nicht als moralisierende Opfer.

Das kollektive Gedächtnis

Wir alle sind Rekall-Kunden, jeden Tag unseres Lebens holen wir uns frische totale Erinnerungen. Im Laufe der Kulturgeschichte haben wir ganz ausgezeichnet gelernt, unsere persönlichen Erinnerungen an die Erfordernisse der jeweiligen Kultur, in der wir leben, anzupassen. Wir erinnern uns an das, woran wir uns erinnern wollen. Das fängt mit Banalitäten an: Früher war mehr Schnee – auch wenn die Wetteraufzeichnungen eine andere Sprache sprechen, es gab mehr Liebe unter den Menschen, auch wenn die relative Zahl an Mord und Totschlag weit höher war als heute. Früher war alles besser, weil wir uns nicht an früher erinnern können.

Früher war alles besser, weil wir uns nicht an früher erinnern können.

Das persönliche Erinnern ist ein Zensurprozess, in dem das Gute bestehen darf – und das Schlechte, zumal dann, wenn es durch eigenes Handeln und mit eigener Verantwortung zustande kam, schlicht getilgt wird. Die totale Erinnerung ist eine kulturelle Leistung. Und wenn wir manchmal an unserem Gedächtnis zweifeln, dann sind das durchaus helle Momente. Dass nichts so ist, wie es scheint, liegt daran, dass es nie so gewesen ist.

Interessanter ist in diesem Zusammenhang aber die Frage nach dem kulturellen oder kollektiven Gedächtnis. Warum halten wir dieses oder jenes für gut und anderes für böse?

Die Kulturgeschichte ist eine Geschichte des Glaubens und der Ideologien, der Moral. Und nicht nur im Kino und in Science-Fiction-Geschichten versuchen Menschen anderen Menschen eine falsche Erinnerung anzudrehen. Die meisten Leute nehmen so etwas gerne. Nach dem Zweiten Weltkrieg war eine ganze Generation von einer kollektiven Erinnerungslücke betroffen – jeder Einzelne reduzierte seine Mitschuld an den Ereignissen in Krieg und Diktatur auf eine Form des Befehlsnotstandes. Diese

Legende ist von der Forschung in unzähligen Fällen widerlegt worden – als kollektive Ausrede taugte sie ohnehin nie.

Das kollektive Gedächtnis neigt zum großangelegten Selbstbetrug, und es legitimiert damit die vielen kleinen Schwindeleien und größeren Betrugsfälle, die das Selbstbild des Einzelnen formen. Wir vergessen, wie es wirklich war – und nehmen lieber, wie wir es gern gehabt hätten.

Als Verhoevens Verfilmung des Stoffes in die Kinos kam, herrschte Wendezeit. Hunderte Millionen Menschen waren dabei, sich eine neue Erinnerung zu geben. Nach sieben Jahrzehnten der Trennung der Welt in eine prokapitalistische und eine antikapitalistische Hälfte war der Kapitalismus übrig geblieben.

Das war kein Sieg. Der Staatskommunismus war an seiner eigenen Unfähigkeit zugrunde gegangen. Bürokraten und Selbstversorger, die es immer auch im Westen gab, hatten im Osten alle Illusionen verzehrt. Nun wurden sie zu Wendehälsen, wie man die Heuchler aus dem ehemaligen »realen« Sozialismus nannte. Zunächst galten Wendehälse als unmoralisch, wie einst, nach dem Krieg, die Ex-Nazis, die von nichts gewusst haben wollten. Doch eine gute Erinnerung besteht aus flüchtigen Stoffen. Bald übernimmt das kollektive Gedächtnis den Laden. Man muss das Falsche nur oft genug wiederholen, um es zur Wahrheit werden zu lassen.

Wir alle erleben diesen Prozess ständig. Je weiter wir uns von den Jahren des Zusammenbruchs des realen Sozialismus, des Militärbündnisses Warschauer Pakt und dessen Wirtschaftsunion COMECON, dem 1949 gegründeten Rat für gegenseitige Wirtschaftshilfe der kommunistischen Staaten, entfernen, desto harmloser wirkt all das. Aus dem Elend des realen Sozialismus à la DDR ist das verklärte Bild einer nicht optimalen, letztlich aber doch weitgehend gemütlichen staatlichen Lenkungsgemeinschaft geworden, eine schlampige Diktatur halt, in der man sich, wenn man ein wenig pfiffig war, schon durchwursteln konnte. Honeckers Diktatur erscheint als kleines Idyll, in dem es immer genug Kinderkrippen gab, ein bescheide-

nes, aber festes Einkommen für alle und optimale Arbeitslosen-
und Kriminalitätsstatistiken.

Es ist merkwürdig, woran sich die Leute erinnern, und noch
viel merkwürdiger, *woran nicht:* Der Wirtschaftshistoriker Werner Abelshauser, Autor der *Deutschen Wirtschaftsgeschichte seit
1945*, hat im Vorwort zu seinem Standardwerk festgehalten,
dass »die Geschichte der Bundesrepublik vor allem ihre Wirtschaftsgeschichte ist« – und dass es
genau der Aufstieg des marktwirtschaftlichen Systems, des Kapitalismus
nach Art des neoliberalen Politikers
Ludwig Erhard gewesen sei, der dem
Land »jene Stabilität und Handlungsfreiheit, die der Republik von Weimar
gefehlt hat«, gab.

Diese Einsicht lässt sich in der Geschichte der Bundesrepublik leicht be-
legen. Aber sie ist nicht wirklich Teil
des kollektiven Gedächtnisses geworden. Offensichtlich wurde die Über-
legenheit des kapitalistischen Systems

**Aus dem Elend des realen
Sozialismus à la DDR ist das
verklärte Bild einer nicht
optimalen, letztlich aber
doch weitgehend gemütlichen
staatlichen Lenkungsgemeinschaft geworden, eine
schlampige Diktatur halt,
in der man sich, wenn man
ein wenig pfiffig war, schon
durchwursteln konnte.**

gegenüber der Diktatur im Osten eben nur in der Zeit der Nie-
derlage der DDR und dem Zusammenbruch des Ostblocks. Das
hielt nur kurze Zeit an.

Der starke Staat

Es war ein Strohfeuer der Erkenntnis. Schon bald überwucherte
das kollektive Gedächtnis die Fakten wieder. Man wünscht sich
heute wieder einen »starken Staat«, einen Staat, der durchgreift,
das Leben minutiös regelt, ein »Wir«, das das »Ich« als vermeintlichen Inbegriff eines kalten Egoismus bekämpft.

Matte Synapsen fantasieren sich eine gute alte Zeit, die umso schöner wirkt, je mehr man mit der Gegenwart nicht zurande kommt und einen die eigene Erfahrung und Erinnerung im Stich lassen. Ein schlechtes Gedächtnis – und das ist auch eines, das sich falsch erinnert – hilft dabei, Irrtümer immer wieder ohne schlechtes Gewissen zu begehen.

Joachim Gauck ist auch hier die Ausnahme. Er erinnert sich und andere. Er vergisst nicht so leicht, er trennt Ursache und Wirkung nicht voneinander;»wer die Freiheit liebt, [muss] sich auch dahin bequemen [...] Freiheit auch in den Wirtschaftsprozessen zu wollen«. Gauck hat den Mut, gegen eine »unsäglich alberne Kapitalismuskritik« anzureden, deren einziger Zweck darin bestehe, den »Frust des angstwilligen Publikums zu befeuern«. Vielleicht liegt es einfach auch daran, dass der Bundespräsident im Gegensatz zu anderen Politikern seinen Populismus nicht täglich neu berechnen muss. Wie sonst könnte er im Jahr 2009, mitten in der Hysterie um die Finanzkrise, zu folgendem Schluss kommen: »Es mag ja Missbräuche geben, und die gibt es in der Geldwirtschaft ja ganz offensichtlich. Aber in ein solch mittelalterliches Schicksalsdenken zu verfallen, das sich bedroht sieht von apokalyptischen Gewalten, das ist ja nun wirklich Entmächtigung in einem außerordentlich hohen Maße.«

Diese Entmächtigung führt in die Unmündigkeit – und kann auch in neue Diktaturen und Tyranneien umschlagen. Es gibt eine Alternative zur Zivilcourage, zur Zivilgesellschaft und zum Zivilkapitalismus. Sie besteht aus Unmündigkeit, Ohnmacht und Angst.

Das Gleichgewicht des Schreckens

Erinnerung ist nichts anderes als Bewusstsein. Im Kalten Krieg, der von 1947 bis 1989 währte, war das Bewusstsein von einem wichtigen Zustand beeinflusst: dem Gleichgewicht des Schreckens. Der Schrecken war dabei der vieltausendfach mögliche »Overkill« durch das Wettrüsten im atomaren Arsenal der Supermächte UdSSR und USA und ihrer jeweiligen Satelliten- und Trabantenstaaten. Gleichgewicht bedeutet aber auch Balance, Ausgleich – und damit Stabilität. Alle politischen, kulturellen, ökonomischen Entscheidungen wurden vor diesem Hintergrund getroffen. Die Welt damals schien sicherer als die von heute. Der Verlust dieser Balance ist nicht überwunden.

Darin liegt ein wesentlicher Grund für das, was man heute als Krise des Kapitalismus missversteht. Nicht der Kapitalismus steckt in der Klemme – sondern die Weltbilder, die sich in Ost und West formten, die der starken, einheitlichen, unschlagbaren Staaten, in denen eine mächtige und selbstbewusste Politik alle Probleme der Menschheit in den Griff kriegt.

Die meisten Menschen, die im Jahr 1990 lebten, konnten sich an keine andere Ordnung als an dieses Gleichgewicht des Schreckens erinnern. Es war die zentrale Nachkriegskultur geworden, eine stabilisierende Kraft, die im Hintergrund wechselnder Kulturen und Vorlieben, von Wirtschaftswunder, Konsumgesellschaft, Rock'n'Roll, Beat, Pop, Punk und Yuppie-Kultur ständig existierte. Das war der Kammerton der westlichen Welt.

Die meisten Menschen, die man zu ihren Erinnerung an die Jahre 1989 und 1990 befragt, berichten von einem Wechselbad der Gefühle. Die ersten Monate herrschte meist Euphorie und großes Gefühl. Doch bereits zu Beginn des Jahres 1990 herrschte eine merkwürdig ernüchternde Stimmung, eine Art Verstörung. Vieles erinnerte an erschöpfte Teenager, die sich bei einem Rockkonzert verausgabt hatten – und jetzt nicht so recht wussten, was danach noch kommen könnte.

Das Gleichgewicht des Schreckens hatte sich erledigt, aber damit war auch die gesamte bekannte Welt aus den Fugen geraten, die Maße und Gewichte stimmten nicht mehr, und niemand war in der Lage, sie neu zu eichen. Der Untergang des Kommunismus wurde damit zur Geburtsstunde der Krise des Kapitalismus, obwohl die Ökonomie gar nicht in die Schieflage geraten war. Die vielfältigen Krisen, die es während der gesamten Nachkriegszeit immer wieder gegeben hatte, wurden vom Kapitalismus mehr oder weniger gut ausgeglichen. Entgegen aller Behauptungen des Gegners im Kalten Krieg führte auch das Ende des Wettrüstens nicht dazu, dass dem Kapitalismus die Puste ausging. Anders war das allerdings mit der westlichen Macht und Ideologie, die sich in Zeiten des Kalten Krieges geformt hatte. Das darf man nicht verwechseln.

Zu Ende gekommen waren die Betriebssysteme der Politik, der Macht: Auf der einen Seite eine Diktatur, die sich in ihrem Planungswahn selbst zugrunde gerichtet hatte, und zwar mit dem gründlichsten ökonomischen und moralischen Insolvenzfall in der Menschheitsgeschichte. Auf der anderen Seite ein in der Auseinandersetzung mit dem ideologischen Gegner selbst zu einem vielfach bürokratischen Monstrum gewordener westlicher Staatsmonopolkapitalismus, der von Managern regiert wurde, die die eigentliche Macht in der Wirtschaft und in der Politik hatten – und deren Denken sich kaum von dem ihrer vermeintlichen Gegner unterschied.

Die Propaganda des Ostens hat, seit Stalins Zeiten, den Kapitalismus stets als Kriegstreiber hingestellt. Das Wort »Wettrüsten« erinnert nicht zufällig an den Begriff des Wettbewerbs –

> Das Gleichgewicht des Schreckens hatte sich erledigt, aber damit war auch die gesamte bekannte Welt aus den Fugen geraten, die Maße und Gewichte stimmten nicht mehr, und niemand war in der Lage, sie neu zu eichen.

also eines marktwirtschaftlichen Grundprinzips, das unvereinbar ist mit der kommunistischen Ideologie. Seit den späten 1940er Jahren wurde unaufhörlich behauptet, dass der Westen und sein kapitalistisches System nur durch die Provokation des Wettrüstens solch hohe Profite und einen so hohen Lebensstandard hätten, dass er sich auch vor den eigenen Bürgern, die man vom Konsum des Westens wegsperren musste, nicht verbergen ließ. Der Westen finanziert seinen Wohlstand durch den Weg zum Krieg. Das wurde Generationen – nicht nur im Osten – gelehrt. Und westliche Medien und Intellektuelle haben das gern und oft aufgegriffen, auch, um sich dadurch an einem »Regime« zu rächen, dass ihnen die Deutungshoheit nahm und sie dem »schnöden Konsum« überreichte. Kaum ging es den einfachen Leuten besser, was die Geistesmenschen ja immer forderten, begannen sie die dafür zu hassen.

Dass das Wettrüsten allerdings keineswegs ein gutes Geschäft für den kapitalistischen Westen war, sondern im Gegenteil eine mehrfache Gefahr, wurde von führenden Politikern eben jenes kapitalistischen Systems immer wieder betont. Einer der ersten und wichtigsten Kritiker einer Struktur, bei der Politik, Kalter Krieg, Bürokratie und Rüstungsmonopole gegen Demokratie, Freiheit und Marktwirtschaft gesetzt wurden, war der republikanische US-Präsident Dwight D. Eisenhower. »Ike« Eisenhower war als Oberbefehlshaber der westlichen Alliierten zum Helden im Kampf gegen den Hitler-Faschismus geworden. Der Befreier Europas kandidierte 1952 für das Amt des US-Präsidenten, das er auch gewann.

Bereits 1953 hielt Eisenhower eine markante Rede mit dem Titel »Chance for Peace«, in der er vor den Gefahren des sogenannten »militärisch-industriellen Komplexes« warnte: »Jede Kanone, die gebaut wird, jedes Kriegsschiff, das vom Stapel gelassen wird, jede abgefeuerte Rakete bedeutet letztlich einen Diebstahl an denen, die hungern und nichts zu essen bekommen, die frieren und keine Kleidung haben. Eine Welt unter Waffen verpulvert nicht nur Geld allein. Sie verpulvert auch den Schweiß ihrer Wissenschaftler und die Hoffnung ihrer Kinder.«

Dass das keine kurzfristige Attitüde zum Stimmenfang am Anfang des Kalten Krieges war, stellte Eisenhower immer wieder unter Beweis: Auch in seiner Abschiedsrede aus dem Jahr 1961– dem Jahr, in dem der junge John F. Kennedy das Präsidentenamt übernommen hatte – warnte Eisenhower vor der Gefahr des militärisch-industriellen Komplexes für »unsere Freiheiten« und »unsere demokratischen Prozesse«. Dabei zeigt sich auch, wie klar den Nachkriegspolitikern auch im Westen das Vorhandensein des Staatsmonopolkapitalismus war. Seine Existenz war ausnahmsweise keine Schimäre krawallistischer Studenten, sondern eine Tatsache, die sich nach dem Ende des Zweiten Weltkriegs in der westlichen wie östlichen Hemisphäre bewies. Es zeigt aber noch etwas: Dass die jahrzehntelang behauptete Kriegstreiberei des Kapitalismus eine platte Propagandalüge war.

Dass sich die simple Gleichung »Kapitalismus ist Krieg« durch nichts stützen lässt außer auf Vorurteile, darauf hat Werner Plumpe, der Wirtschaftshistoriker aus Frankfurt am Main, schon weiter vorne in diesem Text hingewiesen. Der Ökonom Stephan A. Jansen ergänzt dies im Wirtschaftsmagazin *brand eins* sinngemäß durch die Feststellung, dass »es die Errungenschaft des zivilisierten Kapitalismus [ist], dass Kriege nun auf Konten und nicht auf Schlachtfeldern geführt werden« – eine Auffassung, die er mit dem von Politikern häufig missverstandenen englischen Starökonomen John Maynard Keynes teilt, der in seiner berühmten *General Theory* von 1936 schrieb: »Dank der Möglichkeit, Geld zu ererben und privaten Reichtum anzuhäufen, lassen sich die gefährlichen menschlichen Triebe in vergleichsweise harmlose Bahnen lenken, während sie, würden sie nicht auf diese Weise befriedigt, ihr Ventil in Grausamkeit, rücksichtslosem Drängen nach persönlicher Macht und Autorität und in anderen Formen des Größenwahns finden würden. Es ist sicher besser, ein Mensch übt tyrannisch Herrschaft über sein

Bankkonto aus als über seine Mitbürger; und wenn ersteres auch manchmal als bloßes Mittel zu letzterem geschmäht wird, stellt es doch jedenfalls manchmal eine Alternative dar.«

Kapitalisten sind nicht daran interessiert, die Käufer ihrer Produkte und Dienstleistungen zu töten oder auch nur so weit zu beschädigen, dass sie nicht mehr das tun können, was notwendigerweise den Kapitalismus jedweder Form und jedweder Färbung am Leben erhält: konsumieren, kaufen, nachfragen. Kapitalismus ohne Kunden funktioniert nicht. Im Gegensatz dazu ist von Josef Stalin, dem prägenden Politiker der kommunistischen Diktaturen des 20. Jahrhunderts, folgender Satz überliefert, der als sein persönliches Credo galt: »Viele Menschen, viele Probleme. Keine Menschen, keine Probleme.«

> **Kapitalisten sind nicht daran interessiert, die Käufer ihrer Produkte und Dienstleistungen zu töten oder auch nur so weit zu beschädigen, dass sie nicht mehr das tun können, was notwendigerweise den Kapitalismus jedweder Form und jedweder Färbung am Leben erhält: konsumieren, kaufen, nachfragen.**

Konkurrenzlos oder: Das Ende der Geschichte

Im Jahr 1992, also zu einem Zeitpunkt, an dem die Ernüchterung über das Ende des Gleichgewichts des Schreckens auf der ganzen Welt bereits spürbar geworden war, veröffentlichte der amerikanische Politikwissenschaftler Francis Fukuyama sein Buch mit dem Titel *Das Ende der Geschichte*. Nun ist dieser Titel damals wie heute gerne missverstanden worden. Fukuyama behauptet zu keinem Zeitpunkt, dass mit der Wende und dem Untergang des Kommunismus die Geschichte endet, sondern dass nur unsere Vorstellung von Geschichte als Kampf, als Auseinandersetzung widerstreitender Ideologien, ein Ende gefunden hat.

Geschichte, wie sie Fukuyama definiert, ist nichts weiter als die Vorstellung eines kollektiven Gedächtnisses, unser aller Total Recall. Seit der Antike wurde die Geschichte als Kriegsschauplatz verstanden. Es geht um Geld, Einfluss, Macht. Darauf baut die gesamte abendländische Kultur und Philosophie auf. Von dieser Vorstellung sind die Mystiker des Mittelalters genauso beeinflusst wie Hegel, Kant, Marx und Schopenhauer – und alle, die in ihrem Einfluss denken und handeln. Das allerdings setzt einen weiteren Gedankengang voraus. Wenn es nun immer um einen Kampf geht, etwa einen Klassenkampf, wie Marx ja glaubte, dann kann man das Bewusstsein der Menschen für diesen Kampf entwickeln. Man kann ihnen ein Gedächtnis geben, eine kollektive Erinnerung, eine Idee in den Kopf setzen. Eine Ideologie. Das ist *die* Konstante des abendländischen Denkens. Es geht darum, Gegensätze zu entwickeln, ein Dafür und ein Dagegen zu haben. Entweder, oder. Das ist der kleinste gemeinsame Nenner unseres Denkens.

Man kann den Leuten sagen, was gut ist und was böse. Was richtig ist und was falsch. Man kann ihnen das geradezu eintrichtern – und sämtliche Einrichtungen einer Gesellschaft dafür nutzen. Der moderne Staat kennt – von der Schule aufwärts – unendlich viele Möglichkeiten, um die herrschende Lehre zu verbreiten.

Fukuyama beschreibt das alles messerscharf, und auch die Gegensätze zu diesem Verständnis, die in Begriffen wie Freiheit, Demokratie und Offenheit liegen. Sie zeigen, dass wir eben nicht zu den hilflosen Idioten der Geschichte gehören, sie machen klar, dass es keine Form von Alternativlosigkeit gibt. Fukuyama weist darauf hin, dass mit dem Ende des Kalten Krieges nun auch das zweite extreme unfreie Regime innerhalb weniger Jahrzehnte zusammengebrochen ist. Zuerst wurde der kollektivistische Nationalsozialismus zerstört, nun auch der Kommunismus. War es nicht Zeit, nun endlich darüber nachzudenken, ob sich denn nicht mit den Mitteln der Freiheit, der Demokratie und des Marktes eine andere Option aufmachen ließ? Gab es eigentlich nach 1990 noch einen Grund, mit dem Aufbau einer wahrhaft offenen, liberalen, toleranten und demokratischen Gesellschaft zu warten – also einem System, in dem sich der Einzelne optimal würde entfalten können? Gab es in West und Ost noch eine tragfähige Ausrede, um so weiterzumachen wie bisher, also auch ökonomisch unselbstständig zu bleiben?

Nach einer Albert Einstein zugeschriebenen Weisheit ist die Definition von Wahnsinn schlicht die, immer das Gleiche zu tun und dabei zu erwarten, dass sich etwas verändert. Hier sind wir aber. Der Kapitalismus, wie wir ihn aus Industrie, 20. Jahrhundert, Kaltem Krieg kannten, wie wir ihn vor der Globalisierung wahrnahmen, ist mit dem Ende des Kommunismus in Rente gegangen. Er knurrte noch ein bisschen »na also« und hat sich zur Ruhe gesetzt. Der neue Kapitalismus aber, der auf das Individuum und sein Wissen als wichtigsten Rohstoff setzt, sieht sich einer gewaltigen Erbmasse an alten Methoden, Lehren, enttäuschten Gegnern, Veränderungsverlierern und politischen Manipulanten gegenüber, die sich mit der alten Moral und der alten Kultur noch einige Zeit über Wasser halten wollen.

Der 1945 von den Nazis im KZ Buchenwald ermordete französische Philosoph Maurice Halbwachs hat das Konzept des »kollektiven Gedächtnisses« entscheidend entwickelt. Halbwachs' kluge Analyse zeigt, dass das, was wir für »normal« halten und für »natürlich«, selbst das, was wir als »persönliche Erfahrung« gemacht zu haben glauben, im Wesentlichen das Produkt einer kulturellen Konstruktion ist.

Wie gesagt: Wir glauben, was wir glauben wollen – und deshalb müssen wir fragen, warum wir das glauben sollen. *Cui bono* – wem nützt's – das ist die entscheidende Frage, die man sich angesichts einer Moral stellen muss, die uns seit Jahrhunderten und Jahrtausenden einbläut, dass das Selbst dem Kollektiv unterzuordnen sei. Wobei

Cui bono – wem nützt's – das ist die entscheidende Frage, die man sich angesichts einer Moral stellen muss, die uns seit Jahrhunderten und Jahrtausenden einbläut, dass das Selbst dem Kollektiv unterzuordnen sei.

dieses Kollektiv natürlich einer Führung bedarf. Warum sollen wir uns daran erinnern, welches Gedächtnis sollen wir haben? Wer will den *Total Recall?*

Alte Fragen, neue Antworten

Industriekapitalismus lässt sich am besten in einer pyramidalen Hierarchie organisieren. Eine kleine Elite verwaltet die Arbeitskraft und das Konsumverhalten möglichst vieler Menschen. Im Wissenskapitalismus ist das nicht mehr ohne weiteres möglich.

Denken wir an Lewis Mumfords bereits erwähnten Mythos der Maschine: Macht besteht immer darin, Menschen zu organisieren, ganz gleich, ob zum Pyramidenbau oder zum Dienst an der Maschine. Wenn aber die Automation durch Wissensarbeit weit genug gediehen ist, stellt sich die Frage, wie man die Organisationsmacht über die Menschen erhalten kann.

Funktionieren die alten hierarchischen Systeme eigentlich noch – oder ist es nicht längst an der Zeit, mit Netzwerkstrukturen und flachen Hierarchien zu arbeiten? Wer dem zustimmt, also A sagt, der muss auch B sagen – und B bedeutet Selbstständigkeit, Selbstverantwortung, Eigenmanagement – mehr Ich-Verantwortung statt Auslagerung aufs Kollektiv, auf das diffuse Wir. Denn wie soll denn mehr Selbstbestimmung, mehr flache Hierarchie, weniger Bevormundung gehen, wenn nicht der Einzelne mehr Verantwortung übernimmt – und sich nicht mehr führen lässt, sondern lernt, sich selbst zu organisieren? Das ist keineswegs leicht. Dagegen steht eine alte Moral, viel Faulheit, noch mehr Vorurteil, praktisch keine gesellschaftliche und politische Unterstützung, wenige positive Vorbilder und Leitlinien, bloß rudimentäre Methoden und unerprobte Modelle. Selbstverantwortung ist im 21. Jahrhundert immer noch ein gewagtes Experiment.

Und ohne Zweifel: In den »Krisenjahren« der letzten Zeit schlägt das Pendel vielfach auch noch zurück. Management und Politik fanden ohnehin ihre Machtbasis lädiert – sie versuchen, ihr altes Regime so lange wie möglich am Leben zu erhalten. Die letzten Tage der industriekapitalistischen Menschheit erinnern an das Szenario, das der amerikanische Zukunftsforscher Alvin Toffler zu Beginn der 1970er Jahre in *Der Zukunftsschock* skizzierte. In einer Art Superindustrialismus schlägt der managerzentrierte Kapitalismus, der versucht, alles und jeden zu optimieren, zu skalieren, effizient zu machen und dabei nur Masse, aber kaum noch erkennbaren Fortschritt erzeugt, noch einmal wild um sich. Man industrialisiert heute Dienstleistungen, die stets der Inbegriff der persönlichen Arbeit waren. Man kann nicht oft genug darauf hinweisen, dass praktisch alle Methoden der Unternehmens- und Personalführung, des gesamten Managements, der Art und Weise, wie Organisationen und Firmen und öffentliche Institutionen geführt werden, den Regeln des industriekapitalistischen Prinzips der Maximierung des Outputs dienen. Vom Modell her ist die Person nichts weiter als ein Maschinenteil, das es zu organisieren gilt. Dienstleistungen hingegen verlangen die Zuwendung zu persönlichen Problemen, zur Auseinandersetzung mit einer Person. Das ist die Quadratur des Kreises.

Selbstverantwortung ist im 21. Jahrhundert immer noch ein gewagtes Experiment.

Was geschieht, wenn man mit alten Methoden versucht, neue Probleme zu lösen, kann man heute fast überall erleben: Begriffe wie Individualität und Selbstbestimmung werden missbraucht. »Der Mensch steht im Mittelpunkt« – das wird behauptet. Tatsächlich aber wirken im Hintergrund kollektivistische Doktrinen, die die Gemeinschaft – das »organische Ganze« – bedienen. Wer sich nicht auf Kurs bringen lässt, gilt als Feind der Organisation – so wie einst das unangepasste Individuum zum »Feind der Partei« und zum »Feind des Volkes« wurde. All das ereignet sich subtiler, in einer künstlichen Sprache des New

Management, in der typischerweise alberne englische Phrasen mit hohen deutschen Begriffen vermischt werden. Das hat den Sinn, Nebelkerzen zu werfen. Früher ließ man die Messe in Latein lesen, damit sie das einfache Volk nicht verstehen konnte – und was man nicht versteht, davor hat man auch Angst. Wer den »Coaches« und »Teamleitern« und »Change Management«-Beauftragten bei ihren Powerpoint-Präsentationen und Vorträgen ins Gesicht sieht, der merkt, wie unsicher sie ihr Geschäft vortragen. Man kann sich das am meisterhaften Dokumentarfilm *Work Hard – Play Hard* von Carmen Losmann ansehen, in dem die Absurdität von Transformationsprozessen, bei denen Menschen und ihre kreativen Leistungen mit industrialistischen Mustern beurteilt werden, offen zutage tritt.

Die Autorin und Regisseurin erkennt darin, so Losmann in einem Interview mit dem Onlinemagazin *telepolis* vom April 2012, dass große, aus der Tradition des Industriekapitalismus kommende Konzerne bei der Rekrutierung und Führung ihrer Mitarbeiter »klar auf Individualität« setzen, allerdings nur vordergründig – tatsächlich werde aber hinter den Kulissen bloß »Gleichschaltung« auf einer »subtilen Ebene« betrieben. Das allerdings ist kein Problem des Kapitalismus, sondern des kollektivistischen Denkens. Der Industriekapitalismus und der Sozialismus sind bloß Varianten ein und derselben Ideologie. Ihr Schlachtruf lautet: Masse ist Macht. Wer also den Kapitalismus mit dem Antikapitalismus bekämpft, der dreht sich im Kreis.

Der Industriekapitalismus und der Sozialismus sind bloß Varianten ein und derselben Ideologie. Ihr Schlachtruf lautet: Masse ist Macht. Wer also den Kapitalismus mit dem Antikapitalismus bekämpft, der dreht sich im Kreis.

Das Abendland

Von Theodor Heuss stammt die Feststellung, dass das Abendland auf drei Hügeln, der Athener Akropolis, dem römischen Kapitol und Golgatha in Jerusalem, dem Hinrichtungs- und Todesort Jesu Christi, gebaut sei. Nicht nur in der Chronologie der Ereignisse gebührt dem Athener Aristoteles die Ehre, zum Begründer dessen zu gehören, was heute das Unbehagen am Kapitalismus nährt. Aristoteles ist der einflussreichste Philosoph des Abendlandes. Es ist erstaunlich, wie vieles sich von dem, was er lehrte und vorschlug, bis zum heutigen Tag gehalten hat. Die einen vermuten dahinter ein großes, einsames Genie, das fast im Alleingang die Grundlagen der Physik, der Metaphysik, des Staates und der Politik und eben nicht zuletzt der Ökonomie definierte. Das System Aristoteles ist in Europa und in den von Europa abgeleiteten Kulturen sakrosankt.

Aber mit wem haben wir es da eigentlich zu tun?

Mit dem Schöpfer der Idee des *Zoon politicon*, des gesellschaftlichen Wesens – nach Aristoteles die einzige wahre Form des Menschen. Nur wer sich durch und mit anderen definierte, war nach Aristoteles überhaupt Mensch. Alle, die ihrer Persönlichkeit folgten und sich naturgemäß von den anderen unterschieden oder auch nur unterscheiden wollten, gerieten beim Meisterdenker aus Athen zu moralisch minderwertigen Wesen, kaum wert, Mensch genannt zu werden.

Wer den Staat nicht als sein natürliches Umfeld annehme, der könne nur ein Gott oder ein Tier sein. Man kann die Wirkung dieser scheinbar einfachen Schlüsse auf die europäische Denkkultur bis heute gar nicht überschätzen: Wer sich nicht bei seinem Handeln auf die Gemeinschaft bezieht, der ist eben kein Mensch, und der unterliegt eben auch nicht der Empathie und dem Mitgefühl anderer Menschen. Der Kollektivismus, dessen sich die Macht seither immer wieder als wichtigstes Instrument zur Ausübung ihrer Herrschaft bedient hat, wird so legitimiert: Stell dich nicht gegen die Gemeinschaft. Folge der Mehrheit. Unterwirf dich dem Kollektiv.

Sehr zeitgemäß wirkt auch Aristoteles' Begründung für umfangreiche Regelungen des Lebens durch Gesetze:»Wenn auf der Welt die Liebe herrschte, wären alle Gesetze entbehrlich.« Das ist eine bis heute beliebte Begründung für die Ausübung von Gewalt aller Art. Denn natürlich herrscht die Liebe nicht immer und überall – und folglich muss man mit Gesetzen und Prügeln nachhelfen, bis die Liebe eben sitzt. Auf dieser Basis begründen seit fast 2500 Jahren Tyrannen und Massenmörder die moralische Integrität ihrer Untaten.

Nach demselben Muster funktioniert auch Aristoteles' Sicht auf die Ökonomie. Zu seinen Lebzeiten – der Mitte des vierten vorchristlichen Jahrhunderts – gab es bereits eine funktionierende Geldwirtschaft. Für Aristoteles war allerdings der Tauschhandel edel und gut, und zwar deshalb, weil er im Gegensatz zum Geld keinen Mehrwert schaffen könne. Aristoteles dachte, dass»das Geld des Tausches willen erfunden wurde, durch den Zins vermehrt es sich dagegen durch sich selbst«. Dieses wäre, so der Denker,»gegen die Natur«. Natürlich hingegen sei alles, was dem Erhalt des Status Quo diene. Gut ist die Welt, wenn alles so bleibt, wie es ist. Die Vorstellung, dass die Wahrung des Status Quo gerecht ist, entspricht der Sicht der reichen Westler auf die Welt. Das ist reaktionär.

Kein Wunder, dass bei den ängstlichen Modernisierungsverlierern in Europa und den USA, die sich heute von der wirtschaftlichen Emanzipation der Schwellenländer durch die Globalisierung bedroht fühlen, Aristoteles ein echter Dauerbrenner ist. Er ist der Schutzheilige der Besitzstandswahrer. Die Pleonexie, das»Mehr-Haben-Wollen«, galt ihm als Krankheit. Das finden wir heute in jeder Form unreflektierter Wachstumskritik, die stets die»Grenzen des Wachstums« vermutet und fehlberechnet, offenbar auch, damit man mit der eigenen Beschränktheit nicht ganz so alleine ist.

Schon zu Aristoteles' Lebzeiten wurden seine Konzepte scharf kritisiert – vor allen Dingen von freien Bürgern und Händlern, die sich dem Wachstum und der Entwicklung ihrer Persönlichkeiten und damit stets auch ihrer Gemeinschaften verpflichtet hatten.

Unter Ökonomik versteht Aristoteles eine Art Hauswirtschaftslehre, mit der sich die jeweils aktuellen Bedürfnisse decken lassen sollen. Die Einnahmen und die Ausgaben sollen gleich sein, Mehrwert und Kapitalakkumulation hingegen sind nicht vorgesehen. Aristoteles denkt an eine stationäre Welt, er kann sich nicht vorstellen, dass man durch Denken und Innovation aus den vorhandenen Ressourcen mehr machen kann als das, was man ursprünglich vorfindet. Es ist eine Ökonomie, die keine Entdeckung und keine Veränderung kennt, keinen Fortschritt, sondern nur einen Ausgleich. Eine solche Ökonomik ist für ihn gut und natürlich.

Die Pleonexie, das »Mehr-Haben-Wollen«, galt ihm als Krankheit. Das finden wir heute in jeder Form unreflektierter Wachstumskritik, die stets die »Grenzen des Wachstums« vermutet und fehlberechnet, offenbar auch, damit man mit der eigenen Beschränktheit nicht ganz so alleine ist.

Diese Vorstellung beeinflusst die Verwaltungsökonomen und die Theoretiker der Planwirtschaft. Sie alle haben ihren Aristoteles gelesen, und die meisten lieben ihn.

Gegen alle Natur hingegen ist dem Philosophen-Fürsten die Chrematistik, denn das ist Wirtschaft, wie wir sie kennen – und wie sie sich im Kapitalismus zu ihrer Blüte entwickelt hat. Man handelt nicht allein, um seinen elementaren Bedarf zu decken, sondern auch, weil es geht. Es ist der Effekt, der eintritt, wenn man von der Tauschwirtschaft zur Geldwirtschaft übergeht. Statt Mangel und Enge öffnet sich ein weites Feld der Möglichkeiten, und das bedeutet aber auch, dass man sich nicht abschotten darf. »Als die Bewohner eines Landes von denen eines anderen abhängiger wurden, als sie einführten, was sie benötigten, und ausführten, was sie im Übermaß hatten, kam notwendigerweise das Geld in Gebrauch«, klagt Aristoteles in der *Politik*: Das ist der Ton des Globalisierungsverlierers, des xenophoben Besitzstandswahrers.

Die Welt Aristoteles' ist beeinflusst vom Umbruch der griechischen Welt durch den Aufstieg der makedonischen Herrscher Philipp II und dessen Sohn Alexander, den man später den Großen nennen wird und der von Aristoteles einige Jahre unterrichtet wurde. Die Makedonier sind Globalisierer, die nicht nur militärisch expandieren, sondern dabei auch auf einen grenzenlosen Handel setzen. Vieles von dem, was Aristoteles zur Geldwirtschaft schreibt, erinnert an die seltsame Bewunderung für den Gegner, ganz so, wie man es viele Jahrhunderte später bei Karl Marx über die Bourgeoisie und den Kapitalismus wird lesen können. Hier verachtet ein hellenistischer Sklavenhalter die neue Zeit. Und er kann es nicht akzeptieren, dass sich mit der Geldwirtschaft das alteingefügte Klassenverhältnis ändert.

Was war vor dem Geld?

Eine schlechte Ernte bedeutete den sicheren Tod. Es gab nichts zu tauschen, und es gab kein Mittel, mit dem man wenigstens ein paar Monate der schlechten Zeiten überbrücken konnte. Geld ist der Versuch der Freiheit. Ein Ausweg aus dem Schicksal, in dem die Götter bestimmen und natürlich ihre irdischen Stellvertreter.

Der große deutsche Soziologe Georg Simmel nannte die Ablösung der Naturalgabe durch die Geldabgabe »eine Magna Charta der persönlichen Freiheit im Gebiete des Privatrechts«. In seiner *Philosophie des Geldes* hat Simmel zu Beginn des 20. Jahrhunderts die bis heute beste und klarste Analyse dieses umstrittenen Mittels zum Zweck geliefert. Als im ersten Jahrtausend vor Christus die Geldwirtschaft zum Normalfall wird, beginnt der große Take-off der Kulturen; Technologie, Handel, Wissen verbreiten sich in ungeheurem Tempo. Die rasante Entwicklung der Gesellschaften ist ein Kind der Geldwirtschaft. In der Naturalwirtschaft dümpelt die Menschheit dahin. Mit dem Geld springt die Entwicklung an. Simmel zeigt uns, wie Freiheit,

Demokratie und Individualität unmittelbar durch die Geldwirtschaft gefördert werden. Geld ist das absolute Mittel, solange wir wissen, was wir damit machen. Wenn der einzige Zweck der Geldwirtschaft aber im Geldverdienen besteht, die Kapitalakkumulation zum einzigen Geschäftszweck wird, dann hebt sich dieser Sinn auf. Auch das gehört zum Wesen des Geldes: Wir versagen, weil wir keine Ziele mehr haben, nicht das Geld. Wir sind das Geld. Was wir wollen, will es auch. Es folgt uns, im Guten wie im Schlechten.

Wer das begriffen hat, der wird nach Zielen und Zukunft suchen, nach einem gestaltbaren Kapitalismus.

Das Christentum

Die christlichen Denker der Spätantike und des Mittelalters integrieren Aristoteles' Logik und Moral in ihre Philosophie und neue Religion. Und sie berichten uns: Jesus Christus startete seine Karriere als Antikapitalist. Die kubanische Propaganda wird sich mehr als anderthalb Jahrtausende später an diesem Bild bedienen – und ihren Märtyrer Che Guevara nach Jesu Ebenbild redesignen.

Das Original beginnt seine Leidensgeschichte mit einem fulminanten Furor im Jerusalemer Tempel. Hier wütet er gegen die Wechsler, zerstört ihre Tische und Bänke, verschüttet ihr Geld und fordert sie auf: »Macht meines Vaters Haus nicht zum Kaufhaus!«, so sagt es zumindest Johannes. Das ist eine bemerkenswerte Äußerung und eine außergewöhnliche Reaktion für einen

Mann, der sich ansonsten in seiner Lehre der völligen Gewaltlosigkeit verschrieben hat und der auch der römischen Zentralgewalt selbst angesichts des drohenden Todes keinerlei körperliche Verteidigung entgegensetzt. Gegen das Kapital wird er aber handgreiflich. Daraus wird bis heute ein Widerstandsrecht gegen die Ökonomie begründet. Hat nicht Jesus selbst, der Inbegriff des Guten und Wahren, der Gottessohn, uns das gelehrt? Wo Jesus richtig lag, können wir wohl nicht irren.

Beim Evangelisten Markus lesen wir über den heiligen Zorn des Messias jene bemerkenswerte Passage, wo er den Kapitalisten vorwirft, sie würden aus dem Bethaus eine »Räuberhöhle« machen. Dort wird der Religionsstifter des Christentums auch mit den Worten zitiert: »Eher geht ein Kamel durchs Nadelöhr, als dass ein Reicher in das Reich Gottes gelangt.«

Bei Matthäus stellt Jesus seine Jünger vor eine einfache Wahl: »Niemand kann zwei Herren dienen; er wird entweder den einen hassen und den anderen lieben, oder er wird zu dem einen halten und den anderen verachten. Ihr könnt nicht beiden dienen, Gott und dem Mammon.« Entweder, oder.

Damit lässt sich einiges erklären, beispielsweise die Unterdrückung im Hier und Jetzt. Denn wer schon zu Lebzeiten materielle Güter erstrebt, der handelt nicht gottgefällig.

Diese wenigen Passagen im Neuen Testament werden von den Chefideologen der Christenheit, allen voran Augustinus von Hippo, betont und verstärkt. Augustinus definiert die Gegensätze stark, er will seine Religion klar abgrenzen von jeder weltlichen, materiellen Philosophie. Im vierten Jahrhundert ist aus der christlichen Sekte die römische Staatsreligion geworden. Sie hat Macht und übernimmt viele Einrichtungen und Methoden des alten römischen Polytheismus. Man arrangiert sich einerseits mit der weltlichen Macht, betont aber andererseits den ideologischen Führungsanspruch. Augustinus erkennt im Dualismus die eigentliche Stärke seines Systems. Man muss sich abgrenzen. Die Religion steht immer über dem Materiellen. Das Materielle, ganz gleich ob in Form weltlicher, kaiserlicher oder fürstlicher Macht, muss sich der Kirche unterordnen. Er weiß: Wer die moralische Lufthoheit hat, gewinnt auch alles andere. Und Augustinus weiß: Moral braucht das Böse, den Gegensatz. Der Kirchenvater macht den Antisemitismus in seiner Welt salonfähig.

Juden sind für ihn die »Christusmörder«, und in seiner *Adversus Iudaeos*, der berüchtigten »Judenpredigt«, nennt er sie bösartig, wild und grausam, an anderer Stelle »aufgerührter Schmutz«, ein Volk, das nach Augustinus' Auffassung zu Recht in »Knechtschaft« leben solle – eine Vorstellung, die sich später für Kirche und Kaiser als äußerst einträglich herausstellen sollte. Zu Beginn des 13. Jahrhunderts nahm Papst Innozenz III die Judenhetze des Augustinus zum Anlass, um die Juden in einer aus katholischer Sicht »ewigen Knechtschaft« zu degradieren und noch stärker zu verfolgen und zu unterdrücken. Das war gutes Timing. Denn erst wenige Jahrzehnte zuvor hatte Innozenz' Vorgänger, Alexander III, den Juden ausdrücklich die Ausübung von Zinsgeschäften gestattet. In vielen Regionen durften sie keine andere Tätigkeit ausüben.

Die mit der Kirche konkurrierende »materielle«, also weltliche Macht wiederum schlug aus der von Augustinus verursachten Hetze neuerliches Kapital, indem sie das »Kammerjudentum« einrichtete, bei dem die Juden samt ihrem Besitz schlicht in das Eigentum des »heiligen römisch-deutschen Kaisers« übergingen. Dafür gewährte man ihnen von weltlicher Seite wenigstens den Schutz ihrer leiblichen Unversehrtheit und, in abgegrenzten Ghettos freilich, die Ausübung ihrer Religion und Kultur. Das war staatlich anerkannte Schutzgelderpressung. Diese Kammerknechtschaft hatte auch noch den Vorteil für die christlichen Fürsten, den Juden die im Hoch- und Spätmittelalter immer wichtiger werdenden Finanzgeschäfte zuzuordnen. Das waren und sind ungeliebte Ge-

> **Das waren und sind ungeliebte Geschäfte: Jeder liebt die Bankiers, wenn sie Geld geben, jeder hasst sie, wenn sie es wiederhaben wollen.**

schäfte: Jeder liebt die Bankiers, wenn sie Geld geben, jeder hasst sie, wenn sie es wiederhaben wollen. Man selbst berief sich auf das christliche Zinsverbot, das sich wiederum auf Aristoteles und das Alte Testament gleichermaßen beziehen konnte. Das Zinsverbot aus dem 3. Buch Moses betont ausdrücklich, »du sollst nicht Zinsen nehmen [...] noch Aufschlag«, bezieht sich aber dabei auf die Notlage von Nachbarn und Mitmenschen: »Wenn dein Bruder neben dir verarmt und nicht mehr bestehen kann, so sollst du dich seiner annehmen.« Damit ist in der Praxis keineswegs ein generelles Verbot von Zinsen auf Geld gemeint, in dem Sinne, wie Aristoteles und Augustinus argumentieren, sondern ein Gebot gegen Wucherer geschaffen, die es wohl schon in den ersten Tagen der Menschheit gab. Noch wichtiger aber ist in diesem Zusammenhang die klare Unterscheidung zwischen »Brüdern« und »Fremden«, die sich im 5. Buch Moses findet, dem Deuteronomium. »Dem Fremden magst du Zins auferlegen, aber deinem Bruder darfst du nicht Zins auferlegen, damit der Herr, dein Gott, dich segnet in allem Geschäft deiner Hand in dem Land, in das du kommest, um es in Besitz zu nehmen.« Das klingt doch ganz anders als ein allgemeines und striktes und generelles Zinsverbot: Die »Fremden« sind Händler und eben nicht zur kleinen, familiären Gemeinschaft des Vorderen Orients im ersten und zweiten vorchristlichen Jahrtausend gehörende Nachbarn und Verwandte, die Angehörigen desselben Stammes.

Es ging also um Handelskredite, um klassische Kreditgeschäfte. Und man soll dabei auch nicht vergessen, was man üblicherweise anstelle dieser Tätigkeit unter »Geschäft« verstand, das man in dem Land, in das man kam, verrichtete: Krieg, Verwüstung zum Zweck des Raubes. Man kann sich ja mal in Ruhe einen Abend mit dem Alten Testament gönnen und vergleichen, wie viele Tote bei den religiösen Aktivitäten herauskamen – und dann die Verluste aus antiken Kredittransaktionen dagegenstellen. Auch hier lohnt es sich, genau zu rechnen.

Mit der steigenden wirtschaftlichen Dynamik im Hochmittelalter, der Entwicklung des Fernhandels und dem anwachsenden Reichtum der Städte braucht man aber viel Kapital, und das führt zu einer Finanzwirtschaft, die systematisch Geld und Geldtransfers für Unternehmer aller Art organisiert. Ohne Banken und Geldverleiher wäre eine wirtschaftliche Expansion schlicht unmöglich.

Dass das Zinsverbot von der Kirche und den Fürsten zu diesem Zeitpunkt der Geschichte strenger als je zuvor ausgelegt wird, hat nichts mit moralischen Bedenken zu tun, sondern mit eiskalter Gier. Wie so oft wird gegen einen vermeintlich überzogenen Materialismus gewettert, um sich im Windschatten der vermeintlich gerechten Forderung umso ungenierter zu bedienen. Den Juden sagt man: Wasch mir den Pelz, aber mach mich nicht nass. Ein Drittel des jüdischen Vermögens genehmigen sich die Fürsten, die die Kammerknechtschaft einsetzen, als Lohn für ihren »Schutz«. Von keinem Bürger, keinem Bauern und Händler war in diesen Tagen auch nur annähernd so viel zu holen.

Das Jahr 1492 gilt als *annus mirabilis* der Weltgeschichte. Christoph Kolumbus entdeckt auf der Suche nach Indien Amerika. In seiner Heimat Spanien gelingt es den christlichen Herrschern, die Stadt Granada von den letzten muslimischen Mauren zu befreien. Unter den toleranten und kaufmännisch so fortschrittlichen Arabern leben viele Juden und Christen, Forschung und Marktwirtschaft blühen auf und beeinflussen den gesamten Mittelmeerraum. Man nützt und respektiert einander.

Damit ist es nach dem christlichen Sieg vorbei. Alle Juden müssen Spanien und all seine Kolonien verlassen, wenn sie sich bis zu einem Stichtag nicht christlich taufen lassen. Ihr Vermögen wird eingezogen. Das ordnet das katholische Königspaar Isabella von Kastilien und ihr Gatte, Ferdinand II. von Aragon,

Man kann sich ja mal in Ruhe einen Abend mit dem Alten Testament gönnen und vergleichen, wie viele Tote bei den religiösen Aktivitäten herauskamen – und dann die Verluste aus antiken Kredittransaktionen dagegenstellen. Auch hier lohnt es sich, genau zu rechnen.

an. Das Edikt von Alhambra löst die bis dahin größte Judenverfolgung der Geschichte aus. Damit ersparen sich die christlichen Herrscher Millionen. Denn der Krieg gegen die Araber wurde durch ihre »Hofjuden« und Finanziers Senior und Abravanel finanziert. Abravanel geht ins Exil nach Venedig, Senior stirbt kurz nach seiner unter Druck erfolgten Taufe.

Auch der große Reformator Martin Luther, der gegen den päpstlichen Materialismus wettert und so zum Begründer der zweiten christlichen Glaubensrichtung wird, ist ein überzeugter und gewaltbereiter Antisemit. In seiner Hetzschrift *Von den Juden und ihren Lügen* schreibt der heute wieder als Held des Antimaterialismus bejubelte Thüringer folgendes: »Die Juden sind ein [...] verzweifeltes, durchböstes, durchgiftetes Ding, das über 1400 Jahre unsere Plage, Pestillenz und alles Unglück gewesen sind.« An anderer Stelle nimmt er vorweg, was seine Landsleute später im »nationalen Sozialismus« umsetzen werden, Martin Luthers »treuem Rat« folgend, »erstlich, dass man ihre Synagoge oder Schule mit Feuer anstecke, und was nicht verbrennen will, mit Erde überhäufe und beschütte, dass kein Mensch einen Stein oder Schlacke davon sehe ewiglich«. In ihrer Not ließen sich viele Juden taufen, um der Verfolgung zu entgehen. Luther hatte auch dafür einen Standpunkt entwickelt: »Den nächsten Juden will ich in der Elbe taufen. Aber mit einem Stein um den Hals.«

Adolf Hitler hat in *Mein Kampf* den Holocaust mit den Worten »Ich tue nur, was die Kirche seit fünfzehnhundert Jahren tut, allerdings gründlicher« angekündigt. Luthers Erben wussten Bescheid.

Aber auch in der DDR war der Judenhasser und Reformator ein großer Mann, eben weil er einen frühen Antikapitalismus vertrat: Eine von Erich Honecker edierte SED-Schrift nennt ihn einen »Vordenker einer sozialistischen deutschen Nationalkultur«. Margot Käßmann, die so einseitig kritische ehemalige Landesbischöfin und nunmehrige »Botschafterin für das Reformationsjahr 2017«, hätte alle Hände voll zu tun für eine wirklich kritische Aufarbeitung – vor allem des Zusammenhangs zwischen kirchlichem Antisemitismus und neuem Antikapitalismus, der so oft und absichtsvoll die gleiche Sprache spricht.

Seit der Finanzkrise von 2008 unterscheiden die meisten Politiker und Medienleute zwischen »Realwirtschaft« und »Finanzwirtschaft«. Es gibt also einen »guten Kapitalismus«, der produziert – im Idealfall Gegenständliches, das kann man begreifen. Es gibt auf der anderen Seiten einen komplexen, undurchschaubaren Finanzkapitalismus, der in hoch abstrakten Strukturen abgewickelt wird. Der Aufstieg der Finanzwirtschaft ist an die Ausdehnung staatlicher Aktivitäten gebunden, sie ist viel älter als der Industriekapitalismus. Die Herrscher und Politiker brauchten die Banker, um ihre absolutistischen Systeme aufzubauen. Die Fabrikherren haben sich dieses Systems gerne bedient, um ihre eigenen Reiche zu errichten. Aber die sogenannte Finanzindustrie ist historisch eindeutig ein Kind der Politik.

Die betreibt Geschichtsklitterung, wenn sie die Ursachen politischer Entscheidungen pauschal zu »Systemproblemen« erklärt und Regulierung in einem Bereich fordert, den sie selbst immer kontrolliert hat. Aber warum glauben so viele den Politikern? Erstens, weil Banken niemand leiden kann. Man leiht sich gerne Geld, aber gibt es man auch gern zurück? Zweitens, und das ist noch wichtiger, weil die Finanzwirtschaft ein weitaus höheres Abstraktionsvermögen verlangt als die sogenannte »Realwirtschaft«, deren Ergebnisse man sehen, hören, riechen und schmecken kann. Man kann den meisten Bürgern einreden, dass es in der Finanzwirtschaft nicht mit rechten Dingen zugeht, und die Leute glauben das, weil sie nicht verstehen, welche Dinge sich dort überhaupt ereignen. So macht man das, politisch. Reale und irreale, gute und böse Wirtschaft?

Politiker, die sich heute dieser Dualität bedienen, bedienen sich bewusst alter Ressentiments. Sie setzen bewusst auf die Unterscheidung von »raffendem« und »schaffendem Kapital«. Der Urheber dieser Formulierung ist der NS-Ökonom Gottfried Feder. »Schaffend« war alles, was in der Landwirtschaft und im Gewerbe entstand, im Handwerk. Handel und Finanzkapital hingegen waren bloß »raffend«, eine für ihn durch und durch »jüdische Eigenschaft«, die nicht, wie das schaffende Kapital, der Gemeinschaft diente, sondern dem egoistischen Individuum. Feder will den Zins abschaffen und die Banken verstaatlichen. Das ist ein primäres Ziel nationalsozialistischer Wirtschaftspolitik.

Der Nazi-Vordenker Otto Strasser definierte den Nationalsozialismus sogar als »große Antithese des Kapitalismus«. Die Wirtschaft des Dritten Reiches hat sich stets als *Gemeinwirtschaft* verstanden, in der staatlich geschützte Konzernmonopole nach dem 1933 von Hitler eingesetzten und von Hermann Göring exekutierten »Vierjahresplan« wirtschafteten. Eines der Ziele der Nazis bestand in einem Begriff, der auch heute wieder hoch im Kurs steht, wirtschaftliche »Autarkie«, also die Unabhängigkeit von »ausländischen Rohstoffen und Waren«.

Die Nazis hatten auch eine hohe Affinität zu einem populären Außenseiter der Philosophie des 18. Jahrhunderts, dem in Genf geborenen Autoren Jean-Jacques Rousseau. Seinen Zeitgenossen war er als boshafter, paranoider Intrigant bekannt, eifersüchtig, neidisch und egoman in hohem Maße. Doch heute ist der Spinner aus Genf wieder ein Held. Kaum ein anderer Denker seines Jahrhunderts hat einen solchen Einfluss auf unsere Denksysteme wie der Mann, der ein »Zurück zur Natur« forderte. Er glaubte, dass der Mensch »von Natur aus gut« sei, sein zeitgenössischer Befund aber fiel anders aus: »Die Menschen sind böse.« Der Grund dafür ist die Entfremdung von der Natur, ein heute wieder recht zeitgemäßes Argument, dass vor allen Dingen bei Anhängern der Grünen und der Ökologiebewegung zum ideologischen Kanon gehört.

Der »edle Wilde«, der unschuldige Naturbursche, gilt als moralisches Gegenkonzept zum modernen Interessensmenschen, der in der Aufklärung immer mehr an Kontur gewinnt.

Irrtümlicherweise wird Rousseau immer noch von vielen als Aufklärer geführt – das Gegenteil ist richtig. Fast alle großen Denker seiner Zeit lehnten den pessimistischen, reaktionären

Sermon Rousseaus kategorisch ab – sie wussten und ahnten zuweilen wohl, wozu Rousseaus Hass auf Modernität und Fortschritt führen würde: Sein statisches Weltbild, das nicht zuließ, dass Wissenschaft, Denken und Geist aus vorhandenen Ressourcen mehr machen konnten, als zuvor da war, steht in der alten europäischen Geistestradition. Seine einfachen Antworten – zurechtstutzen, was nicht passt – sind nach wie vor populär. Sein Umverteilungssystem des *Contract Social* ist zur Euro-Norm geworden, die sich auch in Nicht-Demokratien stets bewährt, weil sich damit die »Notwendigkeit« der Unterordnung des Individuums unter die »Gemeinschaft« erklären lässt, eleganter als mit allem, was die Macht vor Rousseau zur Verfügung hatte. Keine zwei Jahrzehnte nach seinem Tod machte sich der große Rousseau-Verehrer Robespierre an die praktische Umsetzung der Vorschläge des von ihm vergötterten Meisters – das Werk des Jakobinerchefs ist unter dem Namen »Terrorherrschaft« in die Geschichte eingegangen. Die Sache ist politisch ganz praktisch erprobt worden.

Wohlstand ohne Wachstum: Die neue unbefleckte Empfängnis

Rousseaus Verehrer finden sich bis heute vor allen Dingen unter all jenen, die glauben, dass die Welt eine statische Angelegenheit ist, in der sich nichts verändert und auch nichts verändern lässt. Alles, was man tun kann, ist etwas von A nach B verschieben, etwas umverteilen oder ein wenig anders arrangieren. Aber dass sich durch Denken und Innovation am Vorhandenen etwas verändern ließe, ist in diesem Weltbild nicht vorgesehen. Das liegt in erster Linie daran, dass die Anhänger dieser bereits bei Aristoteles vorhandenen stationären Weltsicht schon genug haben und das auch behalten wollen. Ihr »Zurück zur Natur«

bedeutet in erster Linie: Danke, ich brauche nichts mehr. Ich habe genug. Und jetzt raus aus meinem Territorium.

Das ist ein prima Leitbild geblieben für Leute, die schon genug haben und vor allen Dingen behalten wollen, was sie schon besitzen. »Es muss mal Schluss sein« – und warum nicht jetzt, wo wir weitgehend versorgt sind und alles, was noch kommen kann, in Konkurrenz aus den sich entwickelnden Ländern besteht. Statiker fanden es immer bedrohlich und eigentlich auch ein wenig unnötig, wenn andere auch was wollten. So, wie die reichen Westler den Schwellenländern heute Mäßigung verordnen – und dabei vergessen, dass Wirtschaftswachstum und Gleichberechtigung nicht zu trennen sind –, hatte schon Aristoteles mit seiner Pleonexie den Maßstab für eine stationäre Gesellschaft gesetzt.

Hier spielt das Wort »Gleichgewicht« wieder eine gehörige Rolle. Im Kalten Krieg diente es, wie wir gesehen haben, der gewaltsamen Verfestigung der ideologischen Zustände. Nach seinem Ende hat sich der Begriff mit der Vorstellung der reichen Bewohner der westlichen Welt dahingehend verändert, als sie nach einer »neuen Balance« suchen, die vermeintlich verlorengegangen ist. Das hat viel mit der Angst zu tun, durch die Globalisierung an Boden zu verlieren, aber auch mit dem realen Verlust der politischen Blöcke nach 1989 und den seit den 70er Jahren zahllosen Versuchen in Europa und den USA, die überschuldeten Haushalte zu sanieren (dafür werden immer neue »Krisen« und »Schuldige« gesucht und gefunden). Gleichgewicht bedeutet keineswegs Harmonie, sondern Privileg. Der durchschnittliche Westler meint mit Gleichgewicht, dass sich nichts spürbar verändert. Wenn nun aber die Entwicklungs- und Schwellenländer am Kuchen mitnaschen, wird das aus Sicht der Wohlstandsbürger gefährlich. Das sind gute Zeiten für alle, die behaupten, dass wir ohnehin zu viel Wachstum hätten und

»Zurück zur Natur«
bedeutet in erster Linie:
Danke, ich brauche nichts
mehr. Ich habe genug.
Und jetzt raus aus meinem
Territorium.

man auch mit weniger glücklich sein könne. Allerdings: Weniger ist nicht mehr, sondern schlicht ungerecht.

Erinnern wir uns an das, was Aristoteles über die »Ökonomie« dachte. Das war für ihn ein Nullsummenspiel, gedacht vor dem philosophischen Hintergrund einer Welt, in der es offensichtlich begrenzte Ressourcen gab. Aristoteles stellte sich die Welt und ihre Güter vor wie einen Kuchen, der irgendwann einmal von den Göttern auf die Erde gebracht worden war. In diesem Kuchen befinden sich alle Ressourcen, Güter, Dienstleistungen, die Menschen interessant finden, einschließlich aller Nahrung, Wasser, Land und Luft. Alles, was Menschen wollen und brauchen, ist in diesem göttlichen Kuchen vorhanden. Dieser Kuchen konnte nun unter den Menschen verteilt werden. Hinter dem Wort »teilen« und »Verteilung« steckt ein gewaltiges, komplexes System an Vorstellungen, die alle mit der Grundannahme versehen sind, dass sich das, was wir haben und gewinnen können, nicht vermehren kann.

»Die meisten Menschen gehen davon aus, dass der Wohlstandskuchen bereits gebacken ist«, sagt der Kölner Ökonom Detlef Fetchenhauer in einer Arbeit, in der er sich mit populären Irrtümern ökonomischer Laien beschäftigt: »Wenn jemand etwas kriegt, dann muss er es einem anderen weggenommen haben.« So kommt es zu Vorstellungen wie jenen, die uns über Massenmedien und Wohlfahrtsverbände, Parteien und Lobby-Organisationen ständig erreichen: »Wir leben auf Kosten der Dritten Welt« (im Fall der Globalisierung denkt man sich das halt umgekehrt); »Wir verschwenden Lebensmittel – während Afrika hungert«, – ein besonders sprechendes Bild, in dem suggeriert wird, dass wir die Rationen unserer Brüder und Schwestern im Süden verspachteln. »Wir leben auf Kosten künftiger Generationen« ist ein weiteres Argument, das dieser Tage mit besonderer Vehemenz aufgenommen wird. Und obwohl die Thesen des *Club Of Rome*-Berichts von 1972 mit dem Titel *Die Grenzen des Wachstums* sich fast vollständig als Fehlprognosen der Sonderklasse herausgestellt haben, wird der Titel heute wieder zitiert, als sei er ein Naturgesetz. Und es ist kein Zufall, dass in der angespannt antikapitalistischen Stimmung von 2013 ein neuer »Report« vorgelegt wird – in gewohnter, rechthaberischer Manier. Bis die darin enthaltenen Szenarien sich als falsch herausgestellt haben, werden vielleicht wieder, wie beim ersten Bericht, 41 Jahre vergehen. Mehr als vier Jahrzehnte mit vielen öffentlichen Geldern, viel Förderung für die Apokalyptiker und unzähligen unkritischen Berichten, in denen Journalisten nicht nachfragen, ob denn stimmen kann, was die Club-Mitglieder da verbreiten. Das Potenzial dieser Manipulation ist gehörig.

Damit handelt man sich aber ein ernsthaftes Problem ein, denn so entsteht eine Leitkultur, die nicht mehr an die Lösbarkeit von Problemen glaubt, die Wachstum und Zukunftsfähigkeit – früher nannte man das »Fortschritt« – negiert und so tut, als ob sich eine bessere Welt schaffen ließe. All das steht im Licht der abendländischen Geistesgeschichte, und all das ruft mit unübersehbarer Konsequenz nach einer »Führung«, die dem »Wahnsinn ein Ende bereitet«. Bertold Brecht hatte recht in seinem *Arturo Ui*: »Der Schoß ist fruchtbar noch, aus dem das kroch.« Nicht an die Zukunft und die Fähigkeit zur Entwicklung zu glauben – was man ja durchaus mit kritischem Verstand tun kann, wie die Moderne uns lehrt – bedeutet letztlich, das Fundament zu verspielen, auf dem wir *trotz* der abendländischen Moral stehen, gegen die seit Galileo Galilei von Generationen von Wissensarbeitern gekämpft wurde. Uns geht es nicht schlecht, weil wir uns mit der Moderne und der Naturwissenschaft eingelassen haben, sondern weil wir das alte Muster noch nicht verlassen haben. Niklas Luhmann lächelt uns zu: Die Kultur steht zwischen uns und der Veränderung. Die alte Kultur.

Haben wir das nötig?

Selbstbewusste Bürger würden sich die Probleme dieser Welt kritisch, aber nüchtern ansehen – und dabei auch auf die Erfahrungen der letzten Jahrhunderte vertrauen, in denen sich der Zustand des allgemeinen Wohlstands, der Gesundheit und der Bildung in einem nie gekannten Maße verbessert hat. Statt des vielen bierernsten Geredes über Nachhaltigkeit und unsere drückende Verpflichtung für künftige Generationen wäre es an der Zeit, ein neues Denken zu beginnen, das mit der strafenden und statischen Moralgeschichte bricht – und einen Anfang wagt, der eines aufgeklärten, gut gebildeten Menschen würdig ist: Ein Aufbruch in Optimismus, furchtlos und gerade, konstruktiv und an dem orientiert, was wir wirklich wollen. Wissen wir eigentlich, was das ist?

TEIL 4

DIE ENTDECKUNG DES ZIVILKAPITALISMUS

Es ist eine demokratische und inhaltliche
Selbstverständlichkeit, dass die Menschen das Haus,
in dem sie leben, selbst planen und gestalten
können.

BERTOLT BRECHT

Die Zukunft besteht meistens nicht aus dem Neuen und Fremden, sondern aus dem Vorhandenen, dessen Wert wir noch nicht entdeckt haben. Wir sind auf der Suche nach uns selbst. Das macht uns unruhig. Was erwartet uns da und vor allen Dingen: Wer? Haben wir nicht gelernt, mitzulaufen, uns vor dem Team, der Gruppe, dem Wir, dem Kollektiv klein zu machen? *Du kannst es allein nicht schaffen. Du bist allein zu schwach. Du brauchst uns. Hast du gar keine Angst so ganz alleine? Sollen wir dir welche machen?* Wir sollen mitmachen, nicht selber machen.

Dennoch wird das 21. Jahrhundert zum Zeitalter des Selbstbewusstseins und der Selbstverwirklichung werden. Alle, die von der persönlichen Unsicherheit der anderen gut gelebt haben, rufen deshalb laut »Ego!«. Je mehr Menschen es gibt, die sich selbst verwirklichen, die selbstbewusst sind, die gelernt haben, dass sie tun sollen, was sie und nicht andere für richtig halten, desto bedrohter ist das Geschäftsmodell der Politiker und Machthaber, der Manipulanten und all der dummen Kerle, die sich vor den Karren der Bevormundung spannen lassen. Die Revolution des Selbst wird nachhaltig sein, denn sie verläuft sehr allmählich, aber unaufhaltsam. Das Zeitalter der Selbstverwirklichung hat eben erst begonnen – und damit auch die Entwicklung des Zivilkapitalismus.

Selbstverwirklichung

Mit der amerikanischen Studentenbewegung, die mit den Protesten an der Universität Berkeley begann und später zur '68er-Bewegung an den europäischen Hochschulen führte, wurde der

Begriff populär: Selbstverwirklichung, die größtmögliche Umsetzung der eigenen Talente, Fähigkeiten und Neigungen, wurde das große Schlagwort der Beatbewegung und der frühen 70er Jahre, als sich die politischen Umtriebe der Studenten immer stärker auf psychologisierende und spirituelle Aktivitäten verlagerten. Das Selbst wurde zum aufgeladenen Begriff in einem neuen Kulturkampf, der sich auch innerhalb der neuen Bewegungen fortsetzte. Auch wenn man »Abweichler« und »Individualisten« zu Feindbildern machte – das ursprüngliche Ziel von '68 war nicht mehr Wir, sondern mehr Ich.

In der Industriegesellschaft, die sich in der zweiten Hälfte des 19. Jahrhunderts voll entwickelt, geht es um Gemeinschaft, Nation, Kollektiv, Vergesellschaftung und das Dogma des Vorrangs des »Systems« über das Individuum. Ganz gleich, ob wir uns dabei die Ideengeschichte der politischen Parteien von ganz links bis ganz rechts ansehen, das Selbstverständnis von Unternehmen als »Corporation«, also als »Vereinigung«, den modernen Nationalstaat oder unsere moralische Vorstellung von der »guten Gemeinschaft« gegenüber der »Ellbogenmentalität der Egoisten« – wir kommen aus einer Zeit des kollektiven Brainwash und leben nach wie vor in einer Kultur, in der das die wichtigste Rolle spielt. Von der Schule an wird uns der Vorzug der Gruppe gegenüber unseren eigenen Bedürfnissen eingebläut.

Auch wenn man »Abweichler« und »Individualisten« zu Feindbildern machte – das ursprüngliche Ziel von '68 war nicht mehr Wir, sondern mehr Ich.

Kindern, die sich auf ganz natürliche Art und Weise ihren Fähigkeiten und Talenten gemäß zu entwickeln versuchen, werden diese Unterschiede systematisch abgewöhnt – durch physische Gewalt, psychische Grausamkeiten und Gruppendruck. In dem Maß, in dem in Schulen und Gemeinschaften nicht mehr geprügelt wird, hat sich der psychische Druck auf Abweichler und Außenseiter erhöht. Diese Widersprüche machen krank –

und werden hinter nebulösen Modebegriffen wie Burnout-Syndrom und Mobbing versteckt.

Im Wissenszeitalter sind Teamgeist, Gruppe, Standard und Norm selbstverständliche Nebensächlichkeiten – und nicht mehr die Hauptsachen, zu denen sie der verwaltende Managerkapitalismus macht. In der Wissensgesellschaft zählt die Fähigkeit, originäres Wissen zu produzieren, also kreativ zu denken, um Lösungen für Probleme zu finden, die in der Welt des Fließbands und der Massenfertigung gar keine Rolle spielten. In der Wissensgesellschaft geht es darum, möglichst viele personalisierte Lösungen anzubieten. Die Industriegesellschaft liefert Stangenware, die Wissensgesellschaft Maßanzüge.

Der Baum der Erkenntnis

Der Kapitalismus ist eine Universalmaschine zur Erfüllung menschlicher Bedürfnisse. Er ist nüchtern betrachtet das Spiegelbild dessen, was Menschen wirklich wollen. Das ist nicht egoistisch oder neoliberal, sondern der Kern aller Emanzipation und jedes Fortschritts.

Der Ort, an dem Menschen fast immer fast alles bekommen, heißt heute Supermarkt, Netzwerk und Community. Früher nannte man das »Paradies«. Es ist der Schauplatz des Sündenfalls.

Er besteht darin, dass Adam und Eva trotz eines enorm großen Waren- und Serviceangebots ausgerechnet vom »Baum der Erkenntnis« essen wollen. Im Supermarkt wie im Paradies bedeutet das, dass sie nicht mehr bloß Konsumenten und Verbraucher vorgefertigter Produkte sein wollen. Es genügt ihnen nicht, fast alles zu kriegen, was man für sie herstellt, auch wenn es noch so gut ist. Sie möchten auch wissen, wie man das macht und was es noch gibt – und geben könnte. Und schlimmer noch: Sie wollen das auch noch selber machen oder wenigstens dabei mitreden. Menschen wollen nicht bloß ihre Bedürfnisse befriedigen, sie wollen auch wissen, was diese Bedürfnisse ausmacht, was hinter ihnen steckt. Wir sind neugierige Wesen.

Ist das eine Sünde, Übermut? Anno '68 hätte man gesagt: Gott verteidigt sein Herrschaftswissen. Das, was man braucht, um andere zu regieren. Er weiß, wo der Bauplan liegt – und so etwas rückt man nicht raus. Heute stecken wir wieder in einem Sündenfall.

Der Industriekapitalismus hat – mit seinem Höhepunkt in der aktuellen Konsumgesellschaft – das Paradies auf Erden weitgehend errichtet. Er hat die Lebenserwartung erhöht, er hat den Wohlstand verbreitert und die nackte Armut in vielen Teilen der Welt beseitigt. Der Industriekapitalismus hat Zugänge zu Bildung geschaffen und macht es möglich, dass in den entwickelten westlichen Ländern heute Klassenunterschiede soweit beseitigt sind, dass die Kinder einfacher Hilfsarbeiter und kleiner Angestellter zu Topmanagern des Staates und von Unternehmen werden können. Das mag nicht die Regel sein, aber unmöglich, wie in der alten vorindustriellen Klassengesellschaft, ist es nicht.

Nun haben wir sie, die Apfelbäume, und sie tragen die Früchte der Erkenntnis. Sie führen zur Selbstbestimmung. Ein Obst, das seit der Genesis für Ärger sorgt. Adam und Eva sind deshalb in die Realität umgezogen.

Nun haben wir sie, die Apfelbäume, und sie tragen die Früchte der Erkenntnis. Sie führen zur Selbstbestimmung. Ein Obst, das seit der Genesis für Ärger sorgt. Adam und Eva sind deshalb in die Realität umgezogen.

Einer der ersten Denker, die diese – unsere – Geschichte verstanden haben, war der amerikanische Psychologe Abraham

Maslow. Sein heute allgemein als »Maslowsche Bedürfnispyramide« bekanntes Modell einer stufenartigen Entwicklung des Menschen ist von elementarer Bedeutung für das richtige Verständnis der Entwicklung von Wirtschaft und Gesellschaft im 21. Jahrhundert. Im Jahr 1943 – mitten in einer auf Höchstproduktion abgestimmten Kriegswirtschaft, in einem »Superindustrialismus« also, veröffentlichte Maslow seine Thesen von der »Hierarchie der Bedürfnisse« zum ersten Mal in der Fachzeitschrift *Psychological Review* unter dem Titel »A Theory of Human Motivation«. Was wollen Menschen, was treibt sie an? Maslow fand eine Art Weltformel der *conditio humana*, der menschlichen Natur.

Auf der untersten der fünf Stufen befinden sich die sogenannten *physiologischen Bedürfnisse*, also jene Grundbedürfnisse wie Essen, Schlaf, Ruhe, eine ausreichend saubere und gesunde Umwelt sowie alle körperlichen Grundbedürfnisse, die nackte Existenz sozusagen.

Eins drüber finden sich die *Sicherheitsbedürfnisse*, die auftreten, wenn die Ebene der physiologischen Bedürfnisse (stets vorübergehend) befriedigt ist.

Darauf wiederum bauen die sozialen Bedürfnisse auf, die den Bereich der *sozialen Beziehungen* umfassen – von der kleinsten Ebene zwischen Mutter und Kind über die Lebenspartnerschaft bis hin zu komplexen Gemeinschaften.

Auf diesen ersten drei Ebenen der fundamentalen Bedürfnisse sind alle Menschen gleich: Jeder muss essen, trinken, schlafen, braucht Vitamine und Nährstoffe, ein trockenes Plätzchen – und die meisten brauchen überdies noch jemanden, der sie vor der Einsamkeit bewahrt.

Was Maslow hier beschreibt, ist das klassische Existenzminimum in eine überschaubare Form gebracht. Hier und nirgendwo anders kann auch Gerechtigkeit und Ungerechtigkeit gedacht werden. Und es ist kein Zufall, dass sich die Politik, seit es sie gibt, vorwiegend mit dem Versprechen herumplagt, die Grundbedürfnisse der ersten drei Ebenen zu sichern – oder sich um ihre Sicherung für alle wenigstens zu bemühen. Sie sind eine Grundlage für alles andere.

Dabei darf man aber nicht vergessen, dass diese Grundbedürfnisse nur eine Art Basislager der menschlichen Sehnsüchte und Bedürfnisse darstellen. Der Gipfel liegt woanders, bei uns selbst.

Dabei darf man aber nicht vergessen, dass diese Grundbedürfnisse nur eine Art Basislager der menschlichen Sehnsüchte und Bedürfnisse darstellen. Der Gipfel liegt woanders, bei uns selbst.

Maslow fügt in seinem Fünfstufenmodell deshalb auch die höheren Etagen der *Individualbedürfnisse* hinzu. Es sind offensichtlich und fraglos höhere Etagen – auch im Sinne einer höheren Qualität, höherer Ansprüche und höherer Anstrengungen, um diese zu erreichen. Der Sozialpsychologe weist dieser vierten Kategorie das Bedürfnis nach Erfolg und Freiheit zu, die Sehnsucht nach Anerkennung und Respekt, nach sozialem Prestige und Wertschätzung sowie des sehr bedeutsamen Bereichs der Selbstachtung.

Das klingt auch heute noch, im Neokollektivismus, ein wenig nach Luxusproblem. Dass jeder essen muss, schlafen, körperlich unversehrt sein will und Kooperation mit anderen Individuen Vorteile bringt – darauf kann man sich schnell einigen. Das Problem ist nur, dass Kollektivisten damit schon genug haben: Satt, sicher und im Sozialstaat von fürsorglichen Politikern und Beamten lebenslang organisiert – wer braucht denn da noch eine Persönlichkeit? Übrigens: Das war ungefähr die Tonlage, mit der Eltern ihre rebellischen Kinder in den 60er Jahren zu »überzeugen« versuchten, erfreulicherweise in vielen Fällen erfolglos. Die Ungehorsamen drängten zur fünften Maslowschen Stufe, zur Self-Actualization, der Selbstverwirklichung. Darauf baute die Revolution der '68er, deren Erben das Ich und das Selbst heute diskreditieren, wo sie nur können.

Die fünfte Stufe

Im Grunde genommen heißt Selbstverwirklichung nichts anders, als dass ein Mensch die ihm angeborenen Potenziale umsetzt, seine eigenen Talente, seine Fähigkeiten, seine Originalität und seinen unverwechselbaren Charakter lebt, kurz und gut: Sich selbst, sein eigenes Leben, hat. Individualisierung ist auch als wirtschaftliches Prinzip unschlagbar. Denn personalisierte, individuelle Bedürfnisse gehen nie aus, solange es Menschen gibt. Diese Entwicklung muss man komplementär denken, ergänzend. Auf der Grundlage verbreiteter Massenproduktion und Automation ist nun die »Verfeinerung« der Bedürfnisbefriedigung möglich. Was entsteht, ist vor allen Dingen qualitatives Wachstum. Das Problem mit diesem Begriff ist seine Unschärfe, die durch unsere eigenen Bedürfnisse ausgelöst wird. Quantitäten haben einfache Qualitätskriterien: Man kann sie messen und wägen. Qualität hingegen hat immer einen »transzendenten Charakter«, wie der amerikanische Qualitätsforscher David Garvin das nannte.

Was findet man herausragend, schön, ansprechend? Ohne Zweifel sind das höchst subjektive – genauer: persönliche – Kriterien, die über den Normen stehen – und damit eben transzendent im Sinne von »nicht pauschalierbar« sind. Wenn wir genau hinsehen, trifft das auf eine Unmenge an Produkten, Dienstleistungen, Ideen, materiellen und geistigen Erscheinungen zu, die wir in unserer Welt wahrnehmen. Fragen wir einmal einen Fan, was ihn an seinem Star so fasziniert? Oder denken wir über den Satz nach, dass Geschmäcker verschieden sind. Politiker, Regierungen, Industriemanager haben mit Einzelmeinungen nichts am Hut, weil sie für ihr Geschäftsmodell nicht taugen. Sie brauchen Massen, Mehrheiten, Mainstreams. Doch diese Dinge sind ausgereizt. Qualitatives Wachstum kann darin bestehen, sich mehr Freizeit und Ruhe zu gönnen. Die Formel »weniger ist mehr« führt dabei allerdings in die Irre. Vielfach verändert sich der Konsum nur vom Massenverbrauch zum eher individuellen Konsum.

Und noch wichtiger ist: Qualitatives Wachstum setzt ein – erst in Ansätzen bei den Menschen vorhandenes – Verständnis für Vielheit, Vielzahl und Vielfalt voraus. Vielfalt ist eine Ressource, keine Last. Teil der Veränderung ist es, genau das zu verstehen. Der Zukunftsforscher und Autor Matthias Horx hat in seinem Buch *Smart Capitalism* aus dem Jahr 2001 das Grundproblem unserer Zeit treffend beschrieben. In der Industrialisierung haben sich die Menschen aus alten Abhängigkeiten – etwa der Gutshöfe – und den damit verbundenen Sicherheiten gelöst. In der Industriegesellschaft trat man wieder in einen solchen Lebensrahmen ein, den andere gestalteten: Die Unfreiheit der Lohnarbeit, die mit den allmählich gewonnenen Sicherheiten des Sozialstaates aufgerechnet wurde.

Im Zeitalter der Selbstverwirklichung aber geht es darum zu erkennen, wer man ist und was man will. Man lebt keine Lebensmodelle mehr nach. Das ist in einer Welt, die von Vor- und Leitbildern lebt, von fertigen Antworten und Konzepten, alles andere als leicht. Viele Möglichkeiten werden von vielen Menschen noch als Bedrohung, und nicht als Chance, erlebt. Horx schreibt:»Die Wissensökonomie setzt den Menschen frei – und bürdet ihm gleichzeitig die Verantwortung für sein Leben auf, das er nun als Selbstunternehmer gestalten kann, aber auch muss. Sie setzt auf Individualität, Kreativität und die Fähigkeit, lebenslang zu lernen. Sie zwingt ihn in die Emanzipation.«

Selbstverwirklichung und Gleichberechtigung ist also kein Kindergeburtstag, sondern harte Arbeit. Und letztlich haben wir keine Wahl, weil wir – nachdem unsere Grundbedürfnisse erfüllt sind – unablässig am Baum der Erkenntnis rütteln, weil wir es wissen wollen. Wir können die»Schuld« dafür, dass wir aus unserem Leben nicht das machen, was wir daraus machen könnten, nicht länger schwierigen Existenzkämpfen zuschreiben, auch wenn das bis heute getan wird.

Die »Systemfrage«, so hat Horx schon vor Jahren richtig festgestellt, ist von Gestern. Im Zeitalter der Selbstverwirklichung können wir unsere Verantwortung nicht länger an die »großen, mächtigen Institutionen« abgeben, um »noch mehr Sicherheitsgarantien« zu bekommen. Alle Fragen würden »an das Individuum und seine Fähigkeiten« gestellt werden.

Im Zeitalter der Selbstverwirklichung können wir unsere Verantwortung nicht länger an die »großen, mächtigen Institutionen« abgeben, um »noch mehr Sicherheitsgarantien« zu bekommen.

Horx hat hier eine wesentliche Feststellung gemacht, die die Zumutung der Freiheit, die in der Zivilgesellschaft herrscht, klar macht: Wir müssen die Antworten auf unsere Fragen selbst finden. Deshalb müssen unsere Kinder von klein auf zur Selbstständigkeit, zur Vollemanzipation, erzogen werden – das ist unsere Pflicht als Zivilgesellschafter wie Zivilkapitalisten. Es geht nicht darum auszugrenzen – sondern zu ermöglichen.

Die Doktrin des Zivilkapitalismus ist überschaubar: Die Gesellschaft, der Staat, die Gemeinschaft haben die Aufgabe, alles Denk- und Menschenmögliche zu tun, um ihre Bürger so selbstständig wie möglich handeln zu lassen. Kultur, Wertesystem und Schule müssen sich dazu ändern. Die Menschen wissen sehr genau, wohin die Reise geht. Noch nie war es Eltern so wichtig wie heute, dass ihre Kinder eine möglichst umfassende Bildung erhalten – vor allen Dingen in Fremdsprachen und den Disziplinen, die flexibles, lebenslanges Lernen ermöglichen. Es geht um Beweglichkeit, vor allem im Denken. Francis Picabias Satz »Der Kopf ist rund, damit das Denken die Richtung ändern kann« ist für die Zivilgesellschaft von erheblicher Bedeutung.

Glücksfragen

Wir sind schon mehr Zivilkapitalisten, als es scheint. Wir nennen es nur anders.

Die Suche nach dem Weg zu sich selbst, die für manche zuweilen mit unschönen Entdeckungen verbunden ist, hat einen sympathischen Namen: die Suche nach dem Glück. Auf breiter Front läuft seit Jahren eine Glücksdebatte in den entwickelten Ländern. Man könnte sie auch die »Suche nach dem guten Leben« nennen. Nichts anderes ist ja damit gemeint, wenn wir fragen, wozu all der Massenkonsum und die Komplexität denn nütze seien. Dass die Suche nach Selbstverwirklichung ganz logisch an der alten Doktrin des Industriekapitalismus – die Menge macht's – kratzt, ist nicht verwunderlich. Man darf allerdings das Kind nicht mit dem Bad ausschütten. Massenkonsum ist und bleibt eine wichtige Grundlage für die Erfüllung der drei Grundbedürfnisse, und die sind immer auch die Basis für alles, was darauf baut – also natürlich auch für die Selbstverwirklichung. Insofern hatten die nörgelnden Eltern der '68er irgendwie auch Recht, wenn sie darauf verwiesen, dass es mit dem Ego auf Dauer nichts wird, wenn man nicht zuvor seine Brötchen verdient hat.

Die zivilkapitalistische Gesellschaft ist eine, in der die Fähigkeit zur Anwendung ökonomischer Methoden, das Wissen um die eigenen Fähigkeiten und den eigenen Wert in einem umfassenden Sinn immer mehr Menschen bewusst werden. Es sind die Leute, die sich in Konzernen nicht mehr mit der Rolle des einfachen Angestellten begnügen, weil sie wissen, wie wichtig sie für die Organisation sind. Selbstständig sein bedeutet im Zivilkapitalismus übrigens nicht zwangsläufig auch,

> Die zivilkapitalistische Gesellschaft ist eine, in der die Fähigkeit zur Anwendung ökonomischer Methoden, das Wissen um die eigenen Fähigkeiten und den eigenen Wert in einem umfassenden Sinn immer mehr Menschen bewusst werden.

als freier Unternehmer arbeiten zu müssen. Freiräume für die Selbstverwirklichung zu nutzen ist keine Frage des Arbeitsvertrages. Sehr wohl aber der Selbstständigkeit, die man mit und ohne Organisation drumherum haben kann. Die Frage ist, was man braucht.

Auf Maslows Hierarchie der Bedürfnisse baute im Jahr 1977 der amerikanische Politologe Ronald Inglehart mit seinem Buch *Die stille Revolution* auf, das sozusagen ein Update der Maslowschen Erkenntnisse ist. Inglehart machte den Begriff des Wertewandels in der Diskussion populär. Auch er weiß, dass es zunächst elementare Bedürfnisse gibt, die zu befriedigen sind, bis man auf die Ebene der »erhabenen«, im Sinne von »herausgehobenen«, Bedürfnisse kommt.

In der *Stillen Revolution* vollzieht sich das in drei Ebenen. Es gibt die *vormodernen Gesellschaften,* in denen Mangel der Normalzustand ist. Das ist dort, wo Thomas Hobbes zu Recht das »kurze, brutale« Leben vermutete und Jean-Jacques Rousseau sich seine »ideale Naturgesellschaft« zusammenfantasierte, eine Welt, von der man nur weiß, dass der »edle Wilde« in ihr nicht sehr alt wurde. Die meisten sind mit der grundlegenden Sicherung ihrer Existenz Tag und Nacht beschäftigt. Man rennt um sein Leben, im Wortsinn. Der Daseinskampf ist keine Phrase, sondern die Normalität.

Die zweite Ebene der Entwicklung sind für Inglehart die *industriekapitalistischen Gesellschaften.* Sie beseitigen die Mangelwirtschaft, erhöhen den Wohlstand und die Sicherheit dramatisch und beseitigen fast flächendeckend die Armut. Das sind fast paradiesische Zustände – aber eben nur fast. Denn das reicht nur als Sprungbrett für Besseres aus.

Das genau führt uns in die Gegenwart, in die Realität der sogenannten *postmodernen Gesellschaft,* die auf Konsum und wissensbasierten Dienstleistungen baut und in der das Versorgungslevel hoch genug ist, um eine kritische Masse an Menschen hervorzubringen, die sich vorwiegend um ihre Selbstverwirklichung sorgt. Das heißt ja immer auch, dass man gebildet, wohlständig und an seiner eigenen Entwicklung interessiert genug sein muss, um überhaupt dieses Ziel ins Auge zu fassen. Maslow schätzte in den 1960er Jahren, dass bestenfalls zwei Prozent der damals lebenden Menschen überhaupt in der Lage gewesen wären, sich um ihre Selbstverwirklichung zu kümmern.

Postmaterielle Dekadenz

Doch auch seither hat der Kapitalismus die kühnsten Erwartungen selbst seiner glühendsten Verehrer übertroffen. Der Wohlstand ist weiterhin gewachsen. Und Inglehart folgert aus dieser schon Ende der 70er Jahre klar erkennbaren Entwicklung, dass es vor allen Dingen die Kinder der wohlhabenden Leute sein werden, der Reichen und materiell Bessergestellten, die sich als Erwachsene nun von materiellen Werten abwenden. Das ist übrigens keineswegs der logische Prozess bei der Selbstfindung und Selbstverwirklichung, bei der die ökonomische Autonomie, die Unabhängigkeit von fremder wirtschaftlicher Führung, das Ziel ist. Es ist eher das Symptom einer von den Ursachen ihrer Erfolge abgekoppelten Gesellschaft, von Menschen, die nicht mehr wissen, warum sie so wohlhabend sind – und die dann in alte moralische Erklärungsmuster zurückfallen – wie etwa die Theorie vom Kuchen, den man nur einmal verteilen kann.

Viele Wohlstandskinder wollen sich nicht um die Ökonomie kümmern, weil sie sich nie um sie kümmern mussten. Sie sind das, was man verwöhnt nennt, bis zur Dekadenz.

Das ist einer der fatalsten Irrtümer unserer Zeit. Viele Wohlstandskinder wollen sich nicht um die Ökonomie kümmern, weil sie sich nie um sie kümmern mussten. Sie sind das, was man verwöhnt nennt, bis zur Dekadenz. Ihre moralischen Überhöhungen sind vor allem Ausdruck einer unglaublichen Arroganz gegenüber all jenen sozialen Aufsteigern auf diesem Planeten, die unter schwierigsten Bedingungen ihre Grundbedürfnisse sichern müssen. Ein Westeuropäer oder Nordamerikaner, der einem Chinesen oder Inder sagt, dass Wachstum nicht alles sei, sagt nichts weiter als das, was die Aristokraten angeblich dem hungernden Volk am Vorabend der Französischen Revolution rieten: »Wenn die Leute kein Brot haben, sollen sie doch Kuchen essen!« Das ist postmaterielle Dekadenz.

Zugänge sind das neue Kapital

Aber postindustriell bedeutet nicht postmateriell – was sich jedoch leider noch nicht so richtig herumgesprochen hat. Gut verdienende, ökologisch bewusste Städter steigen nicht aus dem Konsum aus, sie verlagern ihn nur auf Produkte, die ihnen ein gutes Gewissen als Zusatzfunktion verkaufen. Man muss also Materialist sein und materialistisch handeln, um sich den Postmaterialismus leisten zu können. Das ist natürlich paradox – und eine heute recht verbreitete Form von Selbstbetrug.

Was ist die Ausgangslage für die Entwicklung des Zivilkapitalismus? Es ist die gleiche Plattform, auf der auch der Aufbruch in die Zivilgesellschaft steht. Es ist der Wohlstand der Konsumgesellschaft.

Es ist ausgerechnet die allseits umstrittene Konsumgesellschaft, die die Voraussetzung für die Selbstverwirklichung ihrer Bürger setzt – auch wenn diese Selbstverwirklichung darin besteht, die Konsumgesellschaft abzulehnen. Mit solchen Paradoxien kann der Kapitalismus ganz hervorragend leben. Ein nüchternes Werkzeug erfüllt seinen

Es ist ausgerechnet die allseits umstrittene Konsumgesellschaft, die die Voraussetzung für die Selbstverwirklichung ihrer Bürger setzt – auch wenn diese Selbstverwirklichung darin besteht, die Konsumgesellschaft abzulehnen.

175

Zweck immer, indem es sich anpasst und seine Funktionen verändert.

Früher bestand das Primat der Märkte in Massenproduktion. Mengen waren entscheidend. Je mehr Umsatz, desto besser, je mehr Absatz, desto erfreulicher. Aus dieser Zeit kommt die Liebe der alten Industriekapitalisten zum Messen, Wiegen und Zählen, ihre geradezu pathologische Verliebtheit in Routinen und Methoden, feste, scheinbar sichere Abläufe, die Menschen mit geringem Selbstvertrauen eben wichtig sind. Alles muss klar in feste Produktionsabläufe, Pausen, Mahlzeiten und erwartbare Reaktionen gegliedert sein. Was man nicht messen kann, lässt sich schließlich nicht managen. So ist die Betriebswirtschaft, wie wir sie kennen, immer auch ein Zahlenkult.

Im Zivilkapitalismus verändert sich dieses Primat der Masse in ein Primat der Qualität. Der alte Industriekapitalismus hat ein pralles Warenlager an Angeboten geschaffen, eine hohe Komplexität erzeugt, die sich durch die Individualisierung, das Zeitalter der persönlichen Ansprüche, nun geradezu explosionsartig entwickelt. Das ist einerseits ein Grund für das wachsende Unbehagen mit dem System, denn Komplexität, die man nicht nutzt oder für die es keinen Zugang gibt, wird als kompliziert betrachtet – als Störung empfunden. Gleichzeitig nutzen Menschen ständig komplexe Strukturen, bewusst und unbewusst. Kaum etwas, was uns umgibt, ob Computer, Tablet, Auto, Flugzeug, Stromerzeugung oder Medizin, müssen wir in seiner jeweiligen Komplexität auch nur annähernd erfassen, um es nutzen zu können.

Es sind Zugänge geschaffen worden, die das ermöglichen – das Wort Zugang, *Access,* spielt im Zivilkapitalismus eine entscheidende Rolle.

Und es gibt außer diesen alltäglichen Komplexen, die wir meist ganz sorglos nutzen, wenn sie uns nützen, auch jene uns allen vertraute Expertenkomplexität, die für eine entwickelte Zivilisation typisch ist. Sie wird von der Neugier getrieben, einer der wichtigsten menschlichen Triebkräfte, die darüber entscheidet, ob wir etwas interessant finden, ganz gleich, ob es sich sofort als zugänglich erweist oder eher als verschlossen.

Wir alle kennen das: Je größer der Komplexitätsberg wird, desto mehr Spezialisten und Nischenexperten graben an ihm herum. Es hängt allein vom persönlichen Interesse, vom Zugang ab.

Das hat zunächst Nachteile, weil sich die Experten untereinander immer schwieriger verständigen können. Laien, die meistens selbst Experten auf einem anderen Gebiet sind, verstehen kein Wort mehr. Alles klingt kompliziert – die Welt ist ein einziges Tohuwabohu.

Dabei überlegen wir selten, wie unser eigener Fachbereich auf andere wirken muss – und können gar nicht verstehen, dass andere das nicht verstehen, was uns so einleuchtet. Was lässt sich da machen?

Kapitalismus, barrierefrei

Offensichtlich ist es Unfug, die Experten zurückzupfeifen. Denn das würde bedeuteten, dass die Vielzahl an Problemlösungen, die heute bereits durch Wissen und Know-how – ein klassisches Expertenprodukt also – zur Verfügung gestellt werden, wieder abnimmt und Einfalt und Kargheit einzieht. Kein Wachstum ist also auch hier keine Lösung.

Aber was die Menschen wollen, ist das Gefühl, weniger ohnmächtig zu sein, wenn es um Bereiche geht, die das eigene Leben beeinflussen. Das gilt für Technik, das gilt für Politik, Gesetze – und es gilt ganz besonders für Ökonomie. Eine grundlegende Forderung der Zivilgesellschaft und ihres Zivilkapitalismus ist schlicht eine Art *Usability* des Systems. Im Grunde genommen müssen sich komplexe Prozesse und Technologien einem Gebrauchstauglichkeitstest unterziehen.

Es geht darum, das System so zu gestalten, dass es zugänglich ist, verstehbar und damit benutzbar. Ein barrierefreier Kapitalismus sozusagen.

Zugänge und offene Zugriffe sind dabei von elementarer Bedeutung. Das haben kluge Pioniere des Zivilkapitalismus wie der amerikanische Aktivist und Autor Stewart Brand schon gewusst, als der Begriff »Internet« noch nicht einmal etabliert war – 1968. Brand sollte Jahre später zu den wichtigsten Gründervätern des Webs gehören. Im Januar 1966 organisierte er das »Trips Festival« in San Franciscos Stadtteil Haight-Ashbury. Das war der Beginn der weltweiten Hippie-Bewegung. Bereits 1968 war Stewart Brand ein Star der Alternativkultur, der von Großessayisten wie Tom Wolfe porträtiert wurde oder der mit dem Erfinder der Computermaus, Douglas Englebart, einschlägige Sit-ins für frühe Computer-Nerds abhielt.

Es geht darum, das System so zu gestalten, dass es zugänglich ist, verstehbar und damit benutzbar. Ein barrierefreier Kapitalismus sozusagen.

Im Jahr 1968 veröffentlichte Brand auch zum ersten Mal seinen berühmten *Whole Earth Catalogue*, ein Kompendium von Waren und Ideen, die dem neuen Selbstverständnis der Beat- und '68er-Bewegung entsprachen: kleine elektronische Geräte, Schuhe, Öko-Lebensmittel und Sonnenkocher zum Beispiel. Der Katalog war eine Art Orientierungsliste. Die Logik, der sich Brand bei der Aufnahme der im *Catalogue* enthaltenen Inhalte bediente, ist tatsächlich eine des Zugriffs und Zugangs zu Innovation und Selbstverwirklichung abseits des industriekapitalistischen Konsums: In die Publikation passte ein Artikel, der 1) als Werkzeug nützlich ist, der also die Kreativität der Person fordert, 2) für unabhängige Erziehung relevant ist, wobei »unabhängig« als abseits staatlicher, kirchlicher und ideologischer Verbünde interpretiert wurde, 3) hohe Qualität hat oder wenig kostet, der 4) nicht schon ins allgemeine Bewusstsein vorgedrungen ist und der 5) leicht per Post verschickt werden kann.

Ziel war also, dass der Einzelne Zugriffe und Zugänge erhielt, die seine Persönlichkeit und seine Selbstverwirklichung unterstützten. Einer der Menschen, die von dieser Haltung entscheidend beeinflusst wurden, war der 2011 verstorbene Apple-Gründer Steve Jobs, dessen Lebenswerk in der konsequenten Arbeit für eine individuelle, eine persönliche Computernutzung bestand, die dem Einzelnen zu mehr Freiräumen und Chancen verhelfen soll. Man kann diesen Geist wohl in dem Werbespot von 1984 von Starregisseur Ridley Scott für den neuen Macintosh-Computer in konzentrierter Form erkennen: Es geht um das Sprengen kollektivistischer, gleichförmiger, normierter Strukturen. Hier kämpft die »Generation Selbstverwirklichung« gegen den Ungeist der Gleichschaltung, und nicht zufällig zeigt uns Scott Zitate, die George Orwells großer Freiheitsgeschichte *1984* entliehen sind. Die Waffe gegen Unterdrücker und Gleichmacher heißt: Zugang. Zugang zu Wissen, Technologie, zu Werkzeugen, zu nützlichen Ideen, die unabhängig machen. Jobs wurde von den Menschen deshalb so geliebt, weil er ein reiner Aufklärer war. Ein Mensch, der anderen den Zugang zu ihren Talenten ermöglicht.

Zugänge sind mehr als Teilhabe

Wer die Demokratie nutzt, muss sie auch gestalten. Wer bessere Produkte will, bessere Unternehmen, bessere Arbeitsbedingungen, der kann das nicht an die Politik delegieren, wie es heute geschieht. Das ist zwar schön für Verbraucher- und Sozialverbände, die zu mächtigen Organisationen herangewachsen sind, aber schlecht für Demokratie und Zivilgesellschaft. Das ständige Wegdele-

Wer bessere Produkte will, bessere Unternehmen, bessere Arbeitsbedingungen, der kann das nicht an die Politik delegieren, wie es heute geschieht.

gieren von Entscheidungen führt zwangsläufig zum Machtmissbrauch. Wer weder passive Konsumidioten will noch Stimmvieh, wer echte Mündigkeit und Kritikfähigkeit wünscht – und damit naturgemäß auch mehr Diskurs und (guten, weil konstruktiven) Streit in der Gesellschaft –, der muss fordern, dass Entscheiden und Auswählen bereits in der Schule gelehrt wird.

Persönliche Wirtschaft, Entscheidungslehre und Selbstbewusstsein sind Pflichtfächer. Wer das nicht gelernt hat, kann seine bürgerliche Rechte in einer entwickelten Gesellschaft nicht wahrnehmen. Dass die – gemessen an der Geschichte der Macht – immer noch jungen Demokratien eine Weile lang ein komplexes System der Delegate und Repräsentation brauchen, versteht sich. Auch in der Zivilgesellschaft und im Zivilkapitalismus machen die Bürger nicht »alles selbst«. Aber in den für sie wichtigen Belangen haben sie eine Chance, mitzureden und zu entscheiden.

Es kann nicht sein, dass wir ständig Vielfalt beschneiden und wegregulieren, nur weil zur Passivität erzogene Konsumbürger die Fähigkeit zur aktiven Teilnahme, zum Mitbestimmen, zum konstruktiven Dialog nicht gelernt haben.

Zugänge schaffen Selbstständigkeit, sie dienen der Selbstentwicklung. Teilhabe ohne selbstaktive Teilnahme hingegen fördert die Unmündigkeit.

Zugänge sind Chancengleichheit statt zuteilende Gerechtigkeit, also jene Almosenwirtschaft, die seit Generationen das Bewusstsein prägt. Ein Zugang bedeutet, dass man ein Angebot erhält, eine Chance, eine Möglichkeit, keine Gewissheit – aber die zu besitzen täuscht der Teilhabestaat ja auch nur vor. Zugänge schaffen Selbstständigkeit, sie dienen der Selbstentwicklung. Teilhabe ohne selbstaktive Teilnahme hingegen fördert die Unmündigkeit.

Was die Zivilgesellschaft vom Computer lernen kann

Nutzen kann man nur, was man begreift. Ein simples Beispiel: Der Computer ist eine Universalmaschine, d.h. er kann alles berechnen und erledigen, was man sich vorstellen kann, und in eine für den Rechner umsetzbare Form bringt. Das ist einerseits ungeheuer praktisch, setzt aber voraus, dass man sich mit diesem Ding verständigen kann. Die erste Möglichkeit besteht darin, eine Programmsprache zu entwickeln oder zu lernen, um sich mit dem Computer zu verständigen. In den ersten Jahrzehnten des Computers war es vollständig ausreichend, dass einige Programmierer diese Programmiersprache beherrschten und ständig an neuen, verbesserten Varianten arbeiteten. Um den Computer massentauglich zu machen, genügte das nicht. Der Siegeszug des Personal Computers ist nur dann möglich, wenn es Programme gibt, die einerseits ihren Benutzern wirklich bei der Bewältigung von Alltagsaufgaben helfen, etwa der Buchhaltung oder dem Schreiben von Texten. Und das tun sie nur, wenn sie durch Programme gesteuert sind, die man leicht verstehen kann. Lange Jahre galten unter Computerexperten Zugänge für die breite Masse weder als notwendig noch als erwünscht.

Aber sehen wir uns an, was aus den »Elektronengehirnen« der 50er und 60er Jahre wurde, nachdem man sich der Frage der Benutzerführung zugewandt hatte: Als man verstanden hatte, dass man mit einer grafischen Benutzeroberfläche die Programme für Laien einfacher zugänglich machen konnte, erst dann, Ende der 70er, Anfang der 80er Jahre, wurde der Computer massentauglich. Es wurden Zugänge geschaffen, an der Klarheit der Mensch-Maschine-Schnittstelle geforscht. Und zu Beginn der Internetära ist es Timothy Berners-Lees Hypertext Markup Language (HTML), die das World Wide Web erst möglich macht: Die unglaubliche Idee, durch einfaches Anklicken mit der Maus zu komplexen Daten zu gelangen, die Grundlage unserer heutigen Welt, ist der ganz einfachen Tatsache geschuldet, dass es Berners-Lee auf die Nerven ging, dass er ständig von Kollegen, die ihren Computer nicht bedienen konnten, von der Arbeit abgehalten wurde. HTML ist ein Zugangsprogramm, ein Übersetzer. Genau das braucht der Zivilkapitalismus. Ökonomie, die man verstehen kann. Ein HTML für den Kapitalismus.

Das ist der Job, der erst zur Emanzipation führt. Die Zugangsökonomie ist die Grundlage des Zivilkapitalismus.

Fast alle Bemühungen und Produkte im Netz haben zugangsökonomischen Charakter. Der Mensch soll sich ausdrücken, kommunizieren, auf Wissen, das vorher verschlossen war, zugreifen können. Social Networks und Suchmaschinen, Blogs und Wikipedia folgen alle diesem Muster.

Der Unterschied ist nun der: Vor 50 Jahren waren alle Menschen, die vor einem Computer saßen, Computerexperten. Wenn sie noch dazu vor miteinander vernetzten Computer saßen, waren sie Netzwerkexperten. Niemand würde heute jemanden, der sich mit seinem Tablet bei Amazon ein Buch bestellt oder über sein Hobby twittert, einen »Experten« für irgendetwas nennen. Damit ist der Computer tatsächlich zur Universalmaschine geworden. Das Internet ist ebenfalls nicht Domäne einer bestimmten Ideologie oder Kultur. Es drückt wie kein Medium zuvor die Vielfalt der Menschen aus, die es gestalten und mit Inhalten füllen.

Die Datentechnik, als Schlüsseltechnologie, die heute so wichtig ist wie die Fabriken der Industriegesellschaft, hat sich in hohem Ausmaß verbreitet und damit auch demokratisiert. Warum sollte das mit dem persönlichen Zugang zum Kapitalismus nicht klappen?

Abwechslung

Das ist ein unausbleiblicher Nebeneffekt der Maslowschen Bedürfnis-Hierarchie: Wenn erst mal die Straße der Selbstverwirklichung eingeschlagen wurde, dann gibt es kein Zurück mehr zu einer reinen Norm. Die Massenprodukte mögen die Grundsicherung bestimmen, doch darüber hinaus herrscht das tiefe Bedürfnis nach persönlicher Erfüllung, nach einer Qualität, die einem selbst besser entspricht. In welcher Kultur und welcher Gesellschaft wir uns auch umsehen, überall tritt das qualitative Wachstum auf, wenn erst mal die Industrie für Wohlstand gesorgt hat. Qualitatives Wachstum aber nun in Abgrenzung zum quantitativen Wachstum zu definieren, wie das heute in jeder zweiten postmaterialistischen Abhandlung der Fall ist, das ist Quatsch. Auch hier gibt es keine Revolutionen, keine Brüche, sondern einen evolutionären Prozess: Das Neue baut auf dem auf, was schon da ist.

Es ist nicht so, dass die Qualität die Quantität ablöst. So wie bei Maslow die »höheren Bedürfnisse« stets die Erfüllung der Grundbedürfnisse voraussetzen, ist es auch hier. Quantität und Qualität des Wachstums gehören auch künftig zusammen.

Das qualitative Wachstum ist im Zivilkapitalismus die angestrebte Wachstumsform der meisten Menschen. Aber dieses Wachstum baut weiterhin auf dem qualitativen Wachstum der Automation auf, auf einer Art »Superindustrialismus«, wie das der Zukunftsforscher Alvin Toffler in den 70er Jahren nannte. Im Grunde genommen ist das ein wenig wie in den Science-Fiction-Filmen von früher, wo Roboter, Technik, Automation dafür sorgen, dass niemand sich mehr anstrengen muss und alles, was man zum Leben

So wie bei Maslow die »höheren Bedürfnisse« stets die Erfüllung der Grundbedürfnisse voraussetzen, ist es auch hier. Quantität und Qualität des Wachstums gehören auch künftig zusammen.

braucht, vorhanden ist. Es ist ein Schlaraffenland, in dem den Leuten so lange gebratene Tauben in den Mund fliegen, bis sie sich die Frage nach Abwechslung stellen.

Abwechslung ist ein Wort aus dem Lexikon des Wohlstands, des Luxus, des prallen Lebens. In kargen Gesellschaften muss man sich über Abwechslung keine Sorgen machen.

Abwechslung ist ein Wort aus dem Lexikon des Wohlstands, des Luxus, des prallen Lebens. In kargen Gesellschaften muss man sich über Abwechslung keine Sorgen machen.

Abwechslung setzt Differenzierung voraus, Vielfalt, und das ist die mit Abstand wichtigste ökonomische und geistige Ressource aller Zeiten. Ganz gleich, ob wir nun vom Agrar-, Industrie- oder vom Wissenszeitalter ausgehen, in jeder dieser Epochen ist es wichtig, dass man eine hohe Variantenvielfalt erkennt, entwickelt und umsetzt. In der Landwirtschaft bedeutet das die Entwicklung ausdifferenzierter Sorten, genetisch robusten Saatguts; in der Industrie, die sich ihren Prinzipien nach der Normierung verschrieben hat, ist nach der Deckung der Grundbedürfnisse längst die Differenzierung, wie sie sich in unserer Waren- und Dienstleistungswelt täglich zeigt, als eigentliches Schwungrad der Wirtschaft angekommen. Der Wirtschaftshistoriker Werner Abelshauser verweist darauf, dass vieles von dem, was wir fälschlicherweise heute »Industrie« nennen, wie etwa die für Deutschland so wichtigen Maschinenbauer, Chemieunternehmen und Autohersteller, allesamt wissensbasierte Industrien sind, die nicht etwa davon leben, dass sie etwas besonders gut reproduzieren können, sondern die in der ganzen Welt für die hervorragende Umsetzung von neuem und hochwertigem Wissen in besonders gute und den jeweiligen Bedürfnissen des Kunden bestens angepasste Produkte und Dienstleistungen bekannt sind.

Think different – eine Grundtugend des Zivilkapitalismus

Differenzierung, Vielfalt, Abwechslung sind immer auch Begriffe der persönlichen Ökonomie, sie gehören zum zivilkapitalistischen Grundwortschatz. Sie sorgen für neue Wertschöpfungsketten, für eine nahezu unendliche Erweiterung von Produkten und Dienstleistungen. Die Personalisierung sorgt zunächst für industrielle »Mutanten«, also Massenprodukte, die persönlicher werden, weil der Nutzer sie mehr oder weniger stark modifizieren kann. Nach dem Zweiten Weltkrieg waren die Leute mit Industrieprodukten hochzufrieden – sie waren froh, dass es überhaupt etwas gab. Eine halbe Generation später war der persönliche Touch schon enorm wichtig. Seit Mitte der 60er Jahre wollten junge Leute ihr Auto, das sie mit Lackspraydosen und Aufklebern »verschönerten«, unverwechselbar machten. Trotz des millionenfachen Outputs aus deutschen Autofabriken ist es schon seit Jahren sehr unwahrscheinlich, dass auch nur zwei völlig gleiche Autos vom Fließband rollen. Henry Ford, der Kapitalist, der das Fließband groß gemacht hatte, verkaufte sein Model T noch mit dem Slogan, »dass man es in jeder Farbe haben kann, vorausgesetzt sie ist schwarz« – das war echte Industrie, Norm bis zum letzten äußerlichen Detail. Die Konsum-Industrie könnte davon heute nicht mehr leben. Sie bietet – auf genormten »Plattformen« – ein immer weiter wachsendes Maß an individuell wählbaren Designs und Ausstattungen an.

Was für Autos gilt, ist bei Computern und digitaler Hardware nochmals deutlich erweitert. Die Hardware eines Computers ist ein Industrieprodukt, beim iPad ebenso wie bei jedem Notebook. Die Software, die darauf läuft, ist ebenfalls noch normierte Serienware, aber die gesamte Maschine, also die persönlich ausgewählte und angepasste Software, ist es nicht mehr. Die Zusammenstellungen (Kompilationen) sind individueller Natur.

Ein anderes Beispiel für die Verschiebung des Konsums hin zum »qualitativen Wachstum« sind alle Bereiche der Öko- und Bio-Trends. Die Menschen, die Bio-Produkte kaufen, tun dies immer im Bewusstsein, etwas Besonderes und Individuelles zu tun. Die Grenzen zum Megatrend der Wellness sind fließend. Wellness umfasst heute »bewusste Ernährung« ebenso wie Fitness, persönliche Gesundheitsdienstleistungen und eine Vielzahl von Angeboten und Aktivitäten drumherum. Die Motive, warum wir dafür Geld ausgeben, werden dabei gerne moralisch verhübscht – vielleicht auch, weil man sich dafür schämt, dass man sich selbst – und niemand anderem – etwas Gutes tut. Der Konsum von Wellness-Produkten und Services ist purer Egoismus, die reine Befriedigung persönlicher Bedürfnisse.

Davon abgesehen zeigt der Boom in diesem Bereich aber, dass der Gebrauchswert heute die ökonomischen Standards setzt. Dass dieselbe Ware für unterschiedliche Menschen zu unterschiedlichen Zeiten und unter unterschiedlichen Bedingungen jeweils einen anderen Wert besitzt, ist eine Erfahrung, die wir alle schon gemacht haben. Wenn wir hungrig sind, ist eine Pizza viel wert. Wenn wir satt sind, sinkt ihr Wert rapide. Eine alte Kommode ist Sperrmüll oder begehrtes Deko-Objekt. Oder genauer: Eine alte Kommode ist für 99 Menschen Sperrmüll und für einen ein wertvolles Deko-Objekt. Früher war es enorm teuer, diesen einen potenziellen Käufer zu finden – im Netzwerk sinken die Transaktionskosten allerdings so enorm, dass es sich durchaus lohnt, diesen einen Käufer zu suchen. Internetauktionen und Tauschbörsen handeln nach diesem Prinzip. Deshalb sind Netzwerke ein ideales Biotop für eine personalisierte Ökonomie.

Der Konsum von Wellness-Produkten und Services ist purer Egoismus, die reine Befriedigung persönlicher Bedürfnisse.

Das Eigentumsdogma

Zugänge besitzt man nicht, man verfügt über sie. Sie sind niemandes Eigentum – im Unterschied zu dem, was durch diese Zugänge geschaffen wird. Manche halten dies für das Ende des Kapitalismus.

Das Gegenteil ist richtig.

Der Antikapitalismus, vor allem im Gefolge von Karl Marx, baut auf dem Gegensatz zum Privateigentum. Das gilt es abzuschaffen. Der Kommunismus ist *per definitionem* nie etwas anderes als Antithese zum Privateigentum gewesen. Das Problem dabei: Die großen Konzerne und Aktionäre werden von Angestellten besessen. Die großen Fonds dienen Pensionären, und Industrieunternehmen mieten oder leasen lieber, als sich den Ballast des Eigentums umzuschnallen.

Zur Wahrheit gehört, dass der Shareholderkapitalismus nicht das Ergebnis gieriger Heuschrecken ist, sondern das Resultat einer weitgehenden Demokratisierung des Wohlstands. Das Unbehagen ist das Resultat einer weitreichenden Teilhabe, die allerdings, das ist das Problem, nicht mit einem erweiterten Bewusstsein für diesen ökonomischen Prozess einhergeht.

In der alten Kapitalismuskritik war der Neid der Besitzlosen eine mächtige Waffe, und sie war plausibel. Denn seit Anbeginn der Menschheit hatten die Macht die, die die materiellen Ressourcen hatten, also den Zugriff auf Essen, Wasser, Waffen und Güter kontrollierten. Zugriff und Besitz waren immer ein und dasselbe. Die Macht braucht Eigentum – vor allen Dingen das Privileg, das Eigentum anderer jederzeit neu zu verteilen.

Das ist keine Erfindung des Sozialismus, sondern so alt wie die Menschen, die Macht und der Raub. Die Enteignungsforderung des Antikapitalismus hat eine weitere Komponente. Man zeigt, dass man es ernst meint. Enteignung ist Gewaltanwendung. Die »Diktatur des Proletariats« vollzieht sich gerade in diesem Akt. Das sorgt für Angst und Schrecken, die Säulen des Totalitarismus.

Der Kapitalismus hat derlei nicht nötig. Er braucht das Eigentum nicht. Er kommt auch so gut zurecht.

Wo der Wohlstand zum Alltag gehört, muss man sein Hab und Gut nicht mehr »besitzen«. Der Begriff verweist auf die feudale Agrargesellschaft, wo man die Grundlagen seiner Existenz noch physisch fühlen konnte – als Ernte, Rohstoff und Vieh.

Migration war immer eine ökonomisch motivierte Bewegung, nicht nur aus Zwang, sondern auch, weil sich dadurch neue Möglichkeiten ergaben. Der Globalisierungskritik geht es darum, dass die Leute bleiben, wo sie sind – daher die Konstruktion »Wirtschaftsflüchtlinge«. Wir wollen keine Konkurrenz. Doch wir sind alle Wirtschaftsflüchtlinge, immer. Wir suchen nach besseren Möglichkeiten. Wo schon Wohlstand herrscht, gute Bildung und Nachfrage nach Experten, zeigt sich das sehr deutlich. Wissensarbeiter klammern sich nicht mehr an einen Ort. Sie gehen dorthin, wo man sie am besten behandelt. Zivilkapitalisten sind beweglich.

Wir sind alle Wirtschaftsflüchtlinge, immer. Wir suchen nach besseren Möglichkeiten.

Wissen und persönliches Know-how sind das wichtigste Kapital unserer Zeit. Sie sind Stahl, Kohle und Dampfmaschine der Wissensgesellschaft. »Omnia mecum porto mea« – »Alles, was mein ist, trage ich mit mir«, – das Wort des Bias von Priene war mal das Motto des demütigen Verzichts. Heute ist es zur Grundformel einer Gesellschaft geworden, die sich ihrer Möglichkeiten bewusst wird.

Eine zivilkapitalistische Gesellschaft fördert deshalb jede Form von persönlicher Mobilität. Sie wird für den freien Personen- und Warenverkehr eintreten, gegen jede Form von Protektionismus (also auch die ungehemmte Subventionswirtschaft). Eine zivilkapitalistische Gesellschaft ist eine offene Gesellschaft, die, nach dem Modell Karl Poppers, eine permanente Veränderungsbereitschaft ermöglicht. Das ist ihr wichtigstes Merkmal.

Zivilkapitalismus ist in dieser Definition ein »offener Kapitalismus«, der auf schnelle Veränderbarkeit abzielt. Das folgt weder dem totalitären Normensystem des alten Industriekapitalismus und der kollektivistischen Ideologien, die in den Nationalstaaten heute noch vertreten werden, noch einer unverbindlichen *laissez faire*-Einstellung. Es gibt Regeln. Es gibt Verbindlichkeiten. Aber die wichtigste Regel ist, dass diese Verbindlichkeiten immer auch in einem demokratischen Prozess verändert werden können. Das System muss so angelegt sein, dass es diese Meinungs- und Willensänderungen schnell umsetzen kann. Das ist in der Statik heutiger Gesellschaften nicht ausreichend angelegt.

Das Primat des Zugriffs über jenem des Eigentums macht es möglich, dass wir schneller etwas verändern können als bisher. Wir entschlacken uns, ohne dass wir uns eine frustrierende Diät auferlegen. »Access trumps ownership« – so formulierte es der liberale britische *Economist* im Jahr 2013. Die sogenannte Share Economy erweitert die Möglichkeiten des Marktes. Sie erweitert den Kapitalismus. Er fordert aber auch unsere Teilnahme ein. Hier wird der Übergang zum Zivilkapitalismus besonders deutlich.

Im alten Industriekapitalismus und der Managerherrschaft war der Kunde ein Störfaktor. Er sollte kaufen – und sich ansonsten ruhig verhalten. Wenn man etwas von ihm wissen wollte, machte man ein bisschen Marktforschung. Die war oft so angelegt, dass die Antworten zu dem passten, was man ohnehin vorhatte. In einem Markt, der nur Massenware liefert, geht das eine Zeitlang gut.

Heute aber geht es zunehmend darum, wirklich wissen zu wollen, was die Kunden wünschen. Die gesamte neue digitale Ökonomie – Big Data – zielt darauf ab. Milliarden werden dafür ausgegeben, ein möglichst exaktes Abbild der Wünsche der Kunden zu erhalten. Dabei zeigt sich alles andere als ein einheitliches Bild. So wenig

Im alten Industriekapitalismus und der Managerherrschaft war der Kunde ein Störfaktor. Er sollte kaufen – und sich ansonsten ruhig verhalten.

wie die Leute eine Partei ein Leben lang wählen, bleiben sie einer Marke oder einem Kaufverhalten treu. Die Kundenbeziehung lebt von Bewegung, die durch immer neue Zugangsangebote erzeugt wird.

»In der vernetzten Welt ist materielles wie geistiges Eigentum für Unternehmen etwas, auf das man zugreift«, schreibt der amerikanische Ökonom und Trendforscher Jeremy Rifkin im Jahr 2000 in seinem Bestseller *Access – The New Culture of Hypercapitalism.* Mit »Hyperkapitalismus« ist ein ökonomisches System gemeint, das unermüdlich und scheinbar unendlich zur Erfüllung persönlicher Bedürfnisse angetreten ist.

Im Industriekapitalismus war Material alles, und man musste es besitzen, ins Eigentum bringen. Hier waren Sachkapitalien der entscheidende Grund dafür, ob man Erfolg hatte oder nicht. Die Industriegesellschaft ähnelte damit in ihrer ersten und bis heute so nachhaltig auf uns wirkenden Phase sehr stark den Traditionen der alten Feudalgesellschaft. Bei der war der »Besitz« von Grund und Boden das Merkmal von Reichtum – wer nicht über diese Ressourcen verfügte, war arm.

Heute aber ist Sachkapital »unbedeutend«, so Rifkin, und Unternehmen empfänden dieses als Belastung, »eher als Betriebsausgabe [...] denn als Vermögenswert, als etwas, das man besser leiht als besitzt«. Rifkin folgt hier den Spuren des großen amerikanischen Soziologen Daniel Bell, dessen 1973 erschienenes Werk *The Coming of Post-Industrial Society* viele der Entwicklungen erkannte, die uns heute beschäftigen. Bell zeichnet die Landkarte der Wissensgesellschaft, eben jenes Zustandes also, in dem es um die Erweiterung der persönlichen, individuellen Zugriffe geht, und nicht mehr darum, sein Eigentum auf einige wenige Möglichkeiten zu beschränken.

Der Eigentumskapitalismus ist (wie die Eigentumsgesellschaft) langsam, er legt sich langfristig fest und verhindert damit den Umstieg auf Alternativen und neue Optionen.

Der Eigentumskapitalismus ist (wie die Eigentumsgesellschaft) langsam, er legt sich langfristig fest und verhindert damit den Umstieg auf Alternativen und neue Optionen. Die neuen Bedingungen sind, wie von Konservativen aller politischen Lager immer beklagt wird, »flüchtiger« alias »unzuverlässiger«. Dabei lösen sich aber auch alte Zwänge auf. Lebenslange Optionen wurden oft auch als Fesseln empfunden.

Im Heraufdämmern dieses offenen Kapitalismus, des Zivilkapitalismus, erleben wir den Zauber aller Freiheitsbewegungen: Leute, die fordern, dass ihre Vorstellungen in Produkte und Dienstleistungen mehr und mehr berücksichtigt werden sollen, und die nicht mehr alles kaufen, was man ihnen vorsetzt, sind Ruhestörer, ja, wahre Revolutionäre. Leute, die mit dem Vorhandenen nicht zufrieden sind, üben sich in derselben Form zivilen Ungehorsams wie all jene, die sich den politischen Mächten und Mehrheiten zu allen Zeiten und bei allen Gelegenheiten entgegenstellten.

Die Zivilgesellschaft baut auf den sich einmischenden, den selbstbewussten und selbstaktiven Menschen. Teilnahme ist nicht mehr Pflicht, Teilhabe wird zur Forderung, ein Stück vom Kuchen zu bekommen. Sie wird weitaus mehr: Die Forderung, selbst mitzugestalten. Darauf läuft die Entwicklung der Netzwerke und der Gesellschaften, ihrer Ökonomie und letztlich auch ihres politischen Systems hinaus: Mehr offene Zugänge, mehr Möglichkeiten des Zugriffs.

Diese Freiheit muss noch geübt werden.

> Die Zivilgesellschaft baut auf den sich einmischenden, den selbstbewussten und selbstaktiven Menschen. Teilnahme ist nicht mehr Pflicht, Teilhabe wird mehr als die Forderung, ein Stück vom Kuchen zu bekommen. Sie wird zur Forderung, selbst mitzugestalten.

Mehr Demokratie wagen

Ein Merkmal der jugendlichen Zivilgesellschaft kann man überall erkennen: Bürger fordern mehr Rechte ein, widersprechen hoheitlichen Planungsbestimmungen, sie sagen nein zu einsamen Entscheidungen – und erwarten dann, dass man an höherer Stelle »etwas unternimmt«. So machen das Pubertierende auch. Sie wollen etwas, aber die anderen sollen das dann für sie erledigen. Das ist ein bisschen kindisch, ein wenig trotzig, auf gar keinen Fall genug, um daraus was Neues zu machen.

Vor der Zivilgesellschaft steht uns die Prüfung der Aufmerksamkeitsgesellschaft bevor. Hier ist das »Ich« noch unverantwortlich und nervt. Es ist eine Ich-Gesellschaft, die mit Selbstwertgefühl und Individualität nichts zu tun hat und die nicht über den Tellerrand hinaussieht – weil sie so klein ist. Zivilkapitalismus und Zivilgesellschaft brauchen die Person, das wahre Ich, die Selbstleister. Aber das setzt eine wichtige Sache voraus: soziale Selbstständigkeit.

Es ist eine Ich-Gesellschaft, die mit Selbstwertgefühl und Individualität nichts zu tun hat und die nicht über den Tellerrand hinaussieht – weil sie so klein ist.

Diese soziale Selbständigkeit ist in der Zivilgesellschaft, wie es Professor Birger Priddat, Ökonom und Vordenker der Zivilgesellschaft, formuliert, »das primäre Kriterium von sozialer Gerechtigkeit«. Es ist nicht gerecht, wenn man, wie es der verstorbene SPD-Vordenker Peter Glotz sagte, »den Begriff der sozialen Gerechtigkeit dazu missbraucht, einfach immer mehr Knete vom Staat zu fordern«.

In der Schweiz, die zu Recht als Musterbeispiel für ein demokratisches Gemeinwesen gilt, haben Abgeordnete einen Beruf, den sie nach der Ausübung ihres politischen Mandates wieder aufnehmen. Sie sind – bis hin zum Staatsoberhaupt – finanziell unabhängig. Sie müssen nicht, wie das unsere politischen Mandatare in ihrer großen Mehrheit tun, noch während ihrer Wahlperiode Entscheidungen in Hinblick auf ihre Zukunft fällen. Sie können unabhängig von Parteien und Institutionen entscheiden, jedenfalls in einem viel höheren Maße als die meisten politischen Mandatare in anderen europäischen Parlamenten, die voll sind mit Berufspolitikern, Verbandsleuten und öffentlichen Bediensteten, deren Wohl und Weh an der Loyalität zu ihrer politischen Gruppe hängt.

»Mehr Demokratie wagen«, das Motto der Kanzlerschaft Willy Brandts ab 1969, ist eine Forderung im Wartestatus. »Mehr Demokratie wagen« heißt, mit Unsicherheiten und wechselnden Verhältnissen leben zu können, und auch mit der großen Zumutung der Freiheit, die uns zwingt, Entscheidungen zu treffen und Verantwortung zu übernehmen. »Mehr Demokratie wagen« heißt das Berücksichtigen von Minderheiten und der kleinsten und gleichsam wichtigsten sozialen Einheit, der Person selbst. Brandts Motto ist die Zivilgesellschaft, in der nicht der Staat die führende, alles definierende Rolle innehat, sondern die Bürger, die in Projekten und weitgehend selbst organisierten Prozessen und Organisationen zusammenarbeiten. Es ist die Kooperation freier Bürger, und zum ersten Mal in der Geschichte des modernen Staates, vom Absolutismus bis zur Parteiendemokratie, verändert

Der Bürger wird der Unternehmer der Demokratie, der Macher der Verhältnisse. Soziale, politische und ökonomische Selbstbestimmung gehen Hand in Hand.

sich der Schwerpunkt der Macht. Das überall bestehende vertikale Machtgefüge weicht zusehends einem Netzwerk, in dem nicht jeder gleich ist, aber gleichwertig. Der Bürger wird der Unternehmer der Demokratie, der Macher der Verhältnisse. Soziale, politische und ökonomische Selbstbestimmung gehen Hand in Hand. Das ist ein langer Prozess, den wir eben erst begonnen haben. Der Wohlstand der Konsumgesellschaft hat dafür gesorgt, dass die Wende zur Selbstbestimmung geschafft ist. Auch wenn heute noch viele irritiert sind und ängstlich angesichts der neuen Freiheiten, aufgeben wird sie niemand mehr wollen. Jetzt wird es darum gehen, Werkzeuge und Institutionen der Selbsthilfe zu entwickeln und mit ihnen zu experimentieren.

Eine neue politische Bildung entwickelt sich, eine, die den Menschen das Werkzeug für die Selbsthilfe in die Hand gibt. Um dieses Ziel haben alle im Namen der Gleichberechtigung antretenden Parteien ihre Wähler und Sympathisanten nämlich betrogen. Wissen ist Macht. Die Mitglieder des Allgemeinen Deutschen Arbeitervereins, des Vorgängers der SPD, sangen am Grab ihres Gründungsvaters Ferdinand Lassalle:»Der Feind, den wir am meisten hassen, der uns umlagert schwarz und dicht, das ist der Unverstand der Massen, den nur des Geistes Schwert durchbricht.«

Wie wahr. Parteien und Politiker, die ihr zentrales Geschäftsmodell, die Kontrolle und Organisation der Bürger, aufgeben, wären dumm. Aber nicht so dumm wie die Bürger, die sich dieser Kontrolle unterordnen und sie sich als »Gemeinwohl« verkaufen lassen.

Der zivilkapitalistische Unternehmer: Sozialunternehmertum

In den vergangenen Jahren hat sich auch in Westeuropa der Begriff des Social Entrepreneurs, des Sozialunternehmers, verbreitet. Allerdings ist dieser Begriff recht unscharf definiert. Eine häufige Definition von Social Entrepreneurship ist die einer Non-Profit-Organisation, die sich im Wesentlichen der Umsetzung ökologischer, moralisch-ethischer oder klassischer sozialer Ziele verschrieben hat. Damit wäre Sozialunternehmertum in gewisser Hinsicht eine Fortsetzung der mächtigen Sozialverbände, die im Machtgefüge des Westens seit 1945 mit den Parteien die führende Rolle spielen. Es hat den Anschein,

194

dass man eine alte Idee in die neue Zeit hinüberretten will –
auch ein Akt von Piraterie, Freibeuter in eigener Sache sozusagen.

Dass neue Begriffe von alten Deutungsmächten gekapert
werden – um sie den eigenen Interessen gemäß wieder in Verkehr zu bringen – ist ein unter Politikprofis eingeübter Taschen-
spielertrick. Mit Social Entrepreneurship oder Sozialunternehmertum hat das aber nichts zu tun – und erst recht nichts mit
Zivilgesellschaft und Zivilkapitalismus.

Zur Klärung der Verhältnisse lohnt es sich auch hier, die alten
westlichen Kontinente zu verlassen. In Bangladesh finden wir
den großen Vordenker des Zivilkapitalismus, Dr. Muhammed
Yunus, Friedensnobelpreisträger des Jahres 2006 und Gründer
der Grameen-Bank, deren Mikrokredite Millionen Menschen in
Asien zu selbstständigen, freien und selbstbewussten Bürgern
gemacht haben – zu Sozialunternehmern. Der Begriff des Social
Entrepreneurs, den Yunus verwendet, ist eine Genesis des Zivilkapitalismus.

Zivilkapitalismus, daran erinnern wir uns hier nochmals,
bedeutet, dass die Freiheiten der Bürger in einer offenen Gesellschaft durch selbstständiges ökonomisches Handeln abge-
sichert werden. Der zivilkapitalistische Bürger hört auf, Untertan des Staates oder anderer Obrigkeiten, vom Gutsherrn bis
zum Fabrikbesitzer, zu sein. Der Zivilkapitalist wird zu einem
handelnden Akteur, der sich nun endlich von alten Abhängigkeiten befreit. Kapitalistische Methoden, ökonomisches Handwerk,
wirtschaftliches Know-how wird dazu genutzt, um persönlich
und politisch unabhängig zu sein. Das Politische ist, wie das Private, immer auch ökonomisch.

Die Mikrokredite, die Yunus in Dörfer in Asien brachte, sind
eine Art kapitalistisches Atom, gemacht für die kleinste wirtschaftliche Einheit, den Menschen. Ihr Erfolg zeigt auch,
dass Kapitalismus eine fundamentale Sache ist, nichts Fernes,
Weltfremdes, Übermächtiges. Der Kapitalismus der Mikrokredite fördert das Sozialunternehmertum, die Emanzipation, die

soziale Selbstständigkeit – und ist ein wirksames Mittel gegen Armut und Ohnmacht.

Wer sich die Kritiker von Yunus' Arbeit ansieht, findet Politiker, Gewerkschafter, NGOs und Wohlfahrtsverbände. Yunus ist ein Problem, weil er ihr Geschäftsmodell stört. Echtes Sozialunternehmertum macht nämlich andere unabhängig, hilft Menschen zur Selbsthilfe. Das ist eine neue Perspektive, die der zivile Kapitalismus eröffnet. Der Sozialunternehmer handelt als politischer Akteur wie ein Unternehmer, immer in eigener Sache im Sinne persönlicher Betroffenheit und persönlichen Engagements. Bürger und Unternehmer sein wird eins. Das Ökonomische ist politisch. Teilhaben und Teilnehmen zugleich.

> **Der Sozialunternehmer handelt als politischer Akteur wie ein Unternehmer, immer in eigener Sache im Sinne persönlicher Betroffenheit und persönlichen Engagements. Bürger und Unternehmer sein wird eins. Das Ökonomische ist politisch.**

Nicht Gerechtigkeit, sondern Fairness

Die maßgeblichen politischen Kräfte in der Stärkung der Idee der Zivilgesellschaft haben traditionellerweise ihre Heimat in der politischen Mitte, eher ein wenig links als rechts von ihr. Der ehemalige US-Präsident Bill Clinton, ein Demokrat, der britische Premierminister Tony Blair, der ehemalige französische Ministerpräsident Lionel Jospin und Deutschlands Ex-Kanzler Gerhard Schröder – alle Sozialdemokraten – sind die Konstrukteure des »Third Way«, der die mit Abstand weitestgehenden Veränderungen der Sozialstaaten in der Nachkriegsgeschichte auslöste. Das vom britischen Soziologen Anthony Giddens stammende Konzept des »dritten Weges« besteht aus dem Versuch, das Beste aus der Welt des Kapitalismus mit dem Besten aus der Welt des Sozialstaates zu verbinden.

Durchaus in diese Riege passt der aus Ungarn stammende Investor George Soros, ein Schüler des Vaters der Idee der offenen Gesellschaft, Karl Popper. Soros' *Open Society Institute* gilt als wirkungsvolle Lobby für die Zivilgesellschaft.

Aber will sich diese Zivilgesellschaft nicht des Sozialstaats entledigen? Schadet das nicht der Gerechtigkeit? Es kommt auf die Bedeutung an, die wir dem Wort Gerechtigkeit geben. Nur darauf.

Der Ökonom Birger Priddat hat einmal versucht, das an der Wortbedeutung von »gerecht« im deutschen Verständnis klarzumachen. Gerecht sein, schreibt Priddat, sei in Deutschland eine Tugend, die »nicht als individuelle Fähigkeit gesehen wird, gerecht gegen andere zu sein, sondern als Anforderung an andere, von ihnen Gerechtigkeit zu bekommen [...]. Gerechtigkeitsansprüche haben eine fundamentalistische Tendenz, da sie mit Drohpotenzial einhergehen«. Gerechtigkeit ist damit eine Forderung des Bürgers an das politische System, an die Regierung: Wenn du mir nichts gibst, behandelst du mich ungerecht. Dann wähle ich dich nicht, verweigere dir die Kooperation oder störe den sozialen Frieden.

Dabei habe die Gerechtigkeitsformel nichts mit Bedürftigkeit zu tun, sondern schlicht mit der Vorstellung »Was dem anderen zugestanden wird, will ich auch. Das ist nur gerecht«. Diese Vorstellung ist sehr alt. In der Antike galt sie gelegentlich als Ideal einer Gesellschaft, in der alles gleich verteilt werden würde. Karl Marx hat diese Form der austeilenden Gerechtigkeit einmal »Konsumtions-Kommunismus« genannt – was er ebenso abschätzig meinte wie den Begriff des »Lumpen-Proletariats«, der zu diesem Prinzip der scheinbar gerechten Verteilung ebenfalls gut passt.

Das Gerechtigkeitsmissverständnis führt dazu, dass »Gerechtigkeit die Form von Berechtigkeit« annimmt, schreibt Priddat – und natürlich ist das falsch und asozial. Denn es hat nichts mit Bedürftigkeit zu tun, erst recht nichts damit, was den Vertretern des »dritten Weges« vorschwebt, die die Skizze einer kommenden Zivilgesellschaft zeichnen: Im Sinne der angloamerikanischen Gesellschaft, die sich Clinton und Blair, aber auch Jospin und vor allen Schröder in seiner *Agenda 2010* zu eigen machen, ist Gerechtigkeit kein Anrecht, das der Staat zur Verfügung stellen soll, sondern eine »Chancengerechtigkeit«, ein »equal set of opportunities«, wie es Bill Clinton nennt. Clintons Zivilgesellschaft, die *Civil Society*, ist, schreibt Priddat, »der Name für eine moderne Variante der Republik, in der die Bürger ihre Sache selbst in die Hand nehmen«.

Das ist die eigentliche *res publica,* die Grundidee der Republik, der Demokratie, der bürgerlichen Freiheit. Die Zivilgesellschaft ist also keine »neoliberale Abkehr« von der Demokratie, sondern ihre Wiederinstandsetzung. Sie ist die Hinwendung zu einem demokratisch gestaltbaren Raum, der an die Stelle eines egoistischen Fürsorge-Anspruchs tritt, gefordert von Leuten, die den Staat und damit das Gemeinwohl und die von diesem Gemeinwohl abhängigen Mitbürger nicht entlasten wollen, sondern dreist ihren Teil einfordern, wo sie es nicht nötig haben. »Die vornehmste Form der Entlastung ist die, an den Staat keine Ansprüche zu richten, die man selber erfüllen kann«, meint Priddat.

Das ist die eigentliche *res publica,* die Grundidee der Republik, der Demokratie, der bürgerlichen Freiheit. Die Zivilgesellschaft ist also keine „neoliberale Abkehr" von der Demokratie, sondern ihre Wiederinstandsetzung.

Die Zivilgesellschaft ist die eigentliche Demokratie, und sie braucht keine Gerechtigkeit, weil sie sich in Fairness übt. Birger Priddat hat den Unterschied zwischen Fairness und Gerechtigkeit brillant erklärt. Gerechtigkeit wird als Gleichheit missverstanden, und dabei kommt nur Gleichmacherei heraus. Angemessene Unterschiede und das Eingehen auf individuelle Verhältnisse und Eigenheiten der Person können mit dem gängigen Gerechtigkeitsbegriff nicht gelöst werden. Fairness, meint

Priddat, »ist ein höheres Gerechtigkeitskonzept«, einer modernen, hochdiversifizierten Gesellschaft angemessen. Um fair zu sein, genügt es nicht, über einen Kamm zu scheren. Man muss sich um die jeweilige, unverwechselbare Situation kümmern. Man muss das Problem kennen, das man lösen will. »Gerechtigkeit arbeitet nach Prinzipien, Fairness aufgrund von Wissen um die Situation.« Wie Priddat mit seinem Kollegen Stephan Jansen von der Zeppelin Universität in Friedrichshafen formulierte: »Fairness ist die politische Gerechtigkeit einer wissensgetriebenen Demokratie« – Fairness ist also die Gerechtigkeit der Wissensgesellschaft.

In elitären Gesellschaften, die auf Grund, Boden, auf der Ausbeutung und dem Eigentum an Ressourcen beruhen, ist Fairness eine störende Sache. Wo man viele, leicht verfügbare und billige Arbeitskräfte braucht, die sich industriell organisieren lassen, ist Fairness völlig überflüssig. Das System kommt mit Routinen und Normen viel besser zurecht. Es genügt, ein straffes Ausbildungsregime – das nur mäßig innovativ zu sein braucht – zu installieren, um auf einer Anzahl hierarchisch abgestufter Ebenen immer ausreichend Exekutivpersonal zu haben – vom Grubenarbeiter bis zum Diplomingenieur. Kreativ und innovativ sollen die Leute nicht sein, sondern dressierbar. Eine Economy of Scale ist ein gut laufendes industrielles Hamsterrad, keine wissensgetriebene Veranstaltung. In einem Hamsterrad kann man Kreative nicht gebrauchen. Da stören sie nur.

Allerdings muss es in dieser Welt der Hamsterräder eine Definition von Gerechtigkeit geben, die in Gleichheit aufgeht – um Unruhen und andere kostspielige soziale Reibungen zu verhindern. Dahinter kann man unschwer die Konzeption des alten Sozialstaates erkennen, der sich in austeilender Gerechtigkeit übt.

Fairness ist arbeitsintensiver. Um fair zu sein, genügt es nicht, alle gleich zu behandeln. Fairness ist, wenn man in einer Gruppe die unterschiedlichen Persönlichkeiten so respektiert, wie sie sind. Die Aufgaben in einer Organisation und einem

Unternehmen sind dann diesen Fähigkeiten angemessen. Man sucht die richtige Frau und den richtigen Mann für den richtigen Job. Fairness ist eine Methode, bei der man nicht »aus Prinzip« handelt, also als Folge eines Gesetzes, normativ, immer gleich, sondern wo man sich am Beispiel und an der Person ansieht, was klappt und nicht. Was heißt das? Erst einmal, aus Sicht der Bürger, der Politiker, der Manager: viel mehr Arbeit. Sie müssen sich nämlich jeden einzelnen Prozess, jedes Talent, jeden Kandidaten genau ansehen, und nicht einfach einen Anforderungskatalog mit zehn, fünfzehn Kriterien formulieren, den sie durch den Computer jagen – um »objektiv« zu wirken.

Fairness ist subjektiv. Das ist die Zivilgesellschaft auch. Wissen ist subjektiv, weil es sich immer von anderem Wissen unterscheiden muss, um zu existieren. Fairness sucht den Unterschied, die Differenz, und gehört damit – im Gegensatz zur Gerechtigkeit, die vereinfacht und nivelliert – zur Differenz, zur respektvollen Wahrnehmung von Menschen und ihren Fähigkeiten und Talenten. Im ökonomischen Sinn geht es dabei immer darum, die bestmögliche, individuelle Lösung zu finden. Wir erkennen übrigens in unserer Experten- und Spezialisten-Kultur längst diese Praxis der Personalisierung. Jeder ist ersetzbar – diese zynische Formel der Gerechtigkeits- und Gleichheitsgesellschaft des alten Industriekapitalismus und seiner Parteien und Manager ist überholt. Menschen sind einzigartig, und zwar nicht, weil das so hübsch klingt, sondern weil diese Einsicht für alle Beteiligten mehr bringt, nützlicher ist, sinnvoller und richtiger. Unterscheidbarkeit und Originalität werden zur primären ökonomischen Kraft.

Das hat zwingend einige Voraussetzungen, die heute noch nicht so ausgeprägt sind. Marx verwendete die Phrase »Jeder

Menschen sind einzigartig, und zwar nicht, weil das so hübsch klingt, sondern weil diese Einsicht für alle Beteiligten mehr bringt, nützlicher ist, sinnvoller und richtiger. Unterscheidbarkeit und Originalität werden zur primären ökonomischen Kraft.

nach seinen Fähigkeiten, jeder nach seinen Bedürfnissen«. Fairness würde demnach voraussetzen, dass in einer Organisation die Fähigkeiten, also die Talente einer Person, nicht nur ein für alle Mal festgestellt werden, wie das etwa über Bildungsabschlüsse und Tests geschieht, sondern dynamisch entwickelt werden. Bedürfnisse sind heute vorwiegend nicht statisch, sondern verändern sich. Aus dem genauen Hinsehen, was Menschen in ihrer Arbeitswelt entspricht, kann man eine Menge über Problemstellungen und vor allen Dingen Lösungen lernen. Das sind die Produkte der neuen Zeit. Die genaue Sicht auf das Selbst und die Person führt also zu besseren Produkten und Dienstleistungen. Das hat sich in Unternehmen bereits grundsätzlich herumgesprochen.

Fairness setzt also die Fähigkeit voraus, komplex zu denken und das auch noch gern zu tun, um bessere Lösungen zu gestalten. Man nennt das heute im Allgemeinen ein »problembewusstes« oder »problemorientiertes Verhalten«.

Kapitalismus der Netzwerke

Eine Zivilgesellschaft funktioniert nach den gleichen Prinzipien, die auch das Internet am Laufen halten. Dessen Entwickler wollten zu Beginn der 1960er Jahre ein ausfallsicheres System zur Informationsvermittlung. Das geht nicht, indem man ein paar Zentralrechner verbindet, die wie dicke Perlen an einer Schnur baumeln. Ein Schnitt durch die Leitung, und alle Perlen kullern auf den Boden.

Ein sicheres Netz ist wie ein Teppich. Selbst eine hohe Anzahl von aufgelösten Knoten führt nicht dazu, dass das Ganze auseinanderfällt. Wo ein Knoten ausfällt, übernimmt ein anderer die Funktion. Angestrebt ist immer, dass alle Teile an und für sich autonom funktionsfähig bleiben. Sie sind davon abhängig, dass eine Zentrale sie steuert. Aber im Fall einer ernsten Krise können all die Subjekte sich zu einem großen Objekt verbünden. Die Menschen streben immer stärker nach einem natürlichen Subsidiaritätsprinzip. Das lateinische Wort *subsidium* bedeutet soviel wie »Hilfe und Reserve«, und ist, so definiert es die Wikipedia, »eine politische, wirtschaftliche und gesellschaftliche Maxime, die die Entfaltung der individuellen Fähigkeiten, Selbstbestimmung und Eigenverantwortung anstrebt. Danach sollten Aufgaben, Handlungen und Problemlösungen so weit wie möglich selbstbestimmt und eigenverantwortlich unternommen werden, also wenn möglich vom Einzelnen, vom Privaten, von der kleinsten Gruppe oder der untersten Ebene einer Organisationsform. Nur wenn dies nicht möglich ist oder mit erheblichen Hürden und Problemen verbunden ist, sollen sukzessive größere Gruppen, öffentliche Kollektive oder höhere Ebenen einer Organisationsform die Aufgaben und Handlungen *subsidiär* unterstützen und übernehmen.

Erst dann – und nur dann, wird ein »ein Zurückdrängen der individuellen Selbstbestimmung und Eigenverantwortung für den jeweiligen Zweck in Kauf genommen«.

Das ist das Grundprinzip der Zivilgesellschaft, das ist das Grundprinzip des Zivilkapitalismus. Das Subsidiaritätsprinzip verlangt die nüchterne, selbstverantwortliche Anwendung wirtschaftlicher Instrumente. Es ist das richtige Maß an Eigenverantwortung, Selbstständigkeit und Gemeinsinn – die den Zivilkapitalismus zum kooperativen Kapitalismus macht. Das war die Marktwirtschaft immer – aber wir müssen uns klarmachen, dass das ihre eigentliche Funktion ist. Soziale Gemeinschaft und Markt sind ein- und dasselbe. Wer Gegensätze zwischen beidem zu konstruieren versucht, versucht uns zu betrügen.

Grundsätzlich versuchen sich Menschen nach dem Subsidiaritätsprinzip selbst zu helfen. Sie leben in Eigenverantwortung. Sie handeln und entscheiden in ihrem Lebensumfeld. Erst, wenn es nicht anders geht, greifen große Gemeinschaftsleistungen ein.

Statt eines überbordenden Staates – der allein in Deutschland bis heute mehr als 1600 Landes- und Bundesministerien erzeugt hat, die wiederum nur die Spitze des Eisbergs darstellen – werden also identische und verstehbare Ebenen eingezogen, die einzelne Gruppen überschauen können.

Kleine Einheiten sind ein hervorragendes Mittel zur Komplexitätsbewältigung. Sie helfen, die umfassende

Grundsätzlich versuchen sich Menschen nach dem Subsidiaritätsprinzip selbst zu helfen. Sie leben in Eigenverantwortung. Sie handeln und entscheiden in ihrem Lebensumfeld. Erst, wenn es nicht anders geht, greifen große Gemeinschaftsleistungen ein.

Entfremdung zwischen dem Ich und dem Wir zu überbrücken. Der Ökonom Tim Göbel hat die gegenwärtige Entwicklung der Zivil- und Bürgergesellschaft mit der Entwicklung der antiken Polis zur Zeit Aristoteles' verglichen. In der modernen Zivil- und Bürgergesellschaft gelte, was schon damals gegolten habe: »Alle Bürger, die politische Entscheidungen treffen, müssen in der Lage sein, sich in einem Raum versammeln zu können.« Wenn das nicht mehr ging, spaltete sich die Versammlung auf – ein neuer Staat entstand. Das ist etwas ganz anders als das, was das Konzept des Zentral- und Nationalstaats uns seit dem 17. Jahrhundert als »normal« nahelegt.

In der Wirtschaft ist Vielfalt, Differenz die treibende Kraft hinter aller Entwicklung. Die Wertschöpfungskette lässt sich nur durch immer weitere Differenzierung voranbringen. Innovationen entstehen ausschließlich aus dem Wunsch, eine Lösung für ein Problem zu erzielen. Das ist ein evolutionäres Prinzip.

Ein Netzwerk ist kein mystischer Gesellschaftsersatz oder ein Raum, der reale soziale Beziehungen ersetzt, sondern ein nachvollziehbares System, dessen Teile klar identifiziert werden können.

Ein Netzwerk ist kein mystischer Gesellschaftsersatz oder ein Raum, der reale soziale Beziehungen ersetzt, sondern ein nachvollziehbares System, dessen Teile klar identifiziert werden können. Netzwerke spielen in der Organisationsentwicklung spätestens seit dem Zweiten Weltkrieg eine bedeutende Rolle. In den kriegswichtigen Abläufen, der Produktion und der Logistik der großen Armee, zeigte sich, dass die alte, starre Organisation mit ihrer abgeschlossenen Welt nicht mehr zeitgemäß war. Je mehr Spezialisten – also die aufkommende Wissensgesellschaft – sich an den Prozessen beteiligten, je mehr Ereignisse und je mehr Informationen durch bessere Technik und Zugriffe erkannt wurden, desto weniger konnte man noch behaupten, etwas im Griff zu haben.

Das Im-Griff-Haben war aber das Grundprinzip der alten Herrschaft. Man war erfolgreich, wenn man etwas hundertprozentig im Griff hatte. Neue Organisationen hingegen sind erfolgreich, weil sie wissen, mit wem sie wann kooperieren müssen, wie sie ein Problem lösen, und welcher Zustand für sie gerade richtig ist.

Zivilkapitalismus ist die Abkehr von der Kontrollwirtschaft, die lange Jahrzehnte unsere Welt prägte und das als Echo der alten Zentralgewalten immer noch tut. Zivilkapitalismus ist Beziehungswirtschaft.

Längst ist man auch in der Organisation von der großen Zentralgewalt abgewichen. Vielheit und Differenzierung sind nicht nur normale Merkmale der Wissensgesellschaft und der sie kennzeichnenden Spezialisten, sondern eben auch der Organisationsformen der Unternehmen in ihr. Projekteinheiten und möglichst flexible Organisationen, die in Netzwerken gedacht sind. Ein Netzwerk besteht immer aus zueinander in Beziehung stehenden Knoten, also aus einzelnen Teilnehmern, die sich aber jederzeit mit anderen Teilen des Netzes – und eben nicht zwangsläufig allen – zu einer temporären Einheit zur Erfüllung eines Zieles zusammenschließen können. Im Zentralstaat und der Großorganisation, der Welt von Ges-

> **Zivilkapitalismus ist die Abkehr von der Kontrollwirtschaft, die lange Jahrzehnte unsere Welt prägte und das als Echo der alten Zentralgewalten immer noch tut. Zivilkapitalismus ist Beziehungswirtschaft.**

tern, geht es um Unterordnung – ein für alle Mal. In der Welt der Zivilgesellschaft, den Netzwerkstrukturen des Zivilkapitalismus, bestimmen freie und unabhängige, selbstständig entscheidende Bürger, wann und mit wem sie etwas zu tun haben wollen.

Kooperation war immer eine der wichtigsten Kräfte des Marktes und der Wirtschaft. Kapitalismus ohne Kooperation geht nicht. Die Klüngel, die sich zwischen Politik, Staaten und Finanzindustrie entwickelten, haben mit dieser Realwirtschaft des Austausches und der Kooperation nichts zu tun.

Kooperation lebt davon, dass alle Teile an einem Strang ziehen, weil jeder Einzelne etwas davon hat. Dabei ist es sogar nützlich, wenn sich die Motive unterscheiden – weil sich dadurch unterschiedliche Lösungsansätze einbringen lassen.

Zivilkapitalismus lebt von diesem *quid pro quo* – also Dieses für Jenes. Auch das ist Fairness. Und ehrlich obendrein, was in der nicht selten moralisierenden Netzwerkdiskussion nicht schaden würde. Denn hier wimmelt es nur so von vordergründig humanistischen und altruistischen Argumenten. Die Leute wollen alles, nur keinen Vorteil für sich. Damit aber zeigen sie gleichsam: Es ist ihnen nicht ernst. Oder: Die Rechnung zahlen andere. Kommt dabei etwas Vernünftiges zustande? Der *Homo cooperativus* ist kein edler Gutmensch, sondern jemand, der seine Interessen kennt. Der Zivilkapitalist verleugnet seinen Eigennutz, seine Interessen nicht, er täuscht nicht allumfassendes Gemeinwohl vor, sondern kooperiert, weil es ihm nützt – und macht das auch deutlich.

Es nützt übrigens niemandem, dass man um der Kooperation willen kooperiert – eine im falsch verstandenen Sozialunternehmertum recht häufig anzutreffende Auffassung. Die Wirtschaftswissenschaftlerin Theresia Theurl hat diese Haltung einmal als »Kooperationsromantik« bezeichnet. Man müsse Kooperationsmanagement von Grund auf entwickeln und lehren, fordert die auf Genossenschaftswesen spezialisierte Ökonomin der Universität Münster. Und sie empfiehlt dabei auch immer, ohne Vorurteile schon bekannte Konzepte anzusehen.

Genossenschaften sind im Zeitalter des Zivilkapitalismus hervorragende Organisationsmodelle, bei denen das Subsidaritätsprinzip praktisch gelebt werden kann. Kooperationen verbinden die Fähigkeiten unterschiedlicher Menschen zu einem gemeinsamen Zweck – der Vermarktung, der Produktion, Finanzierung und der gemeinsamen Nutzung von Produktionsressourcen wie etwa Maschinen oder Computer.

Genossenschaften entstanden als Antwort auf den Industriekapitalismus. Der britische Sozialunternehmer Robert Owen hatte als Manager einer Baumwollspinnerei in Schottland schon in der Frühphase des Industriekapitalismus die Erfahrung gemacht, dass eine gute Behandlung und Bezahlung der Arbeiter die Effizienz der Produktion bedeutend verbesserte. An seiner Seite war der große Pro-Kapitalist und Radikalliberale Jeremy Bentham, der in die genossenschaftlichen Unternehmungen Owens viel Geld investierte.

In Deutschland arbeiteten an der liberalen Genossenschaftsidee Friedrich Wilhelm Raiffeisen und Hermann Schulze-Delitzsch. Selbsthilfe, Selbstverwaltung und Selbstverantwortung waren die Grundprinzipien dieser Kooperationssysteme. Wer hinter dem Begriff der Genossenschaft biederen Mief und ländliche Spießigkeit unter dem Raiffeisen-Symbol vermutet, der irrt. Das Organisationskonzept, bei dem freie, unabhängige, selbstständige Menschen sich dort, wo es Sinn macht, verbünden, und dort, wo es keinen macht, ihre Unterschiede betonen, ist in Zeiten der Netzwerkökonomie weitaus richtiger und zeitgemäßer als die Kopien der alten industriekapitalistischen Gebilde, die wir heute für »normal« halten.

Eine in der Zivilgesellschaft bedeutsame Form der Kooperation wird in dem bestehen, was man heute als »Crowdfunding« bezeichnet, also das Sammeln von Investitionskapital via Internet. Netzwerke fördern die Kooperation ihrem Wesen nach, systemisch also, aber sie setzen schnelle und klare Kommunika-

206

tion voraus. Sie müssen, wie schon vorhin festgestellt, eindeutig sein, nachvollziehbar. Eine der wichtigsten Funktionen einer Zivilgesellschaft wie des Zivilkapitalismus ist also Verständlichkeit. Das, was man in der antiken Polis anstrebte, wenn zu viele Leute im Raum waren, um daraus noch etwas Vernünftiges zu machen.

Das führt zu einem weiteren Kernprinzip des Zivilkapitalismus, dem bereits zuvor erwähnten Teilnehmen und Teilhaben.

Natürlich diskreditieren neokollektivistische Ideologen das Selbst als Gefahr, die Person wird als Egoist denunziert. Doch Egoisten sind gar nicht unser Problem. Egoisten sind Menschen, die sich auf ihr Selbst und sein Wohl konzentrieren, und das heißt in den allermeisten Situationen, dass sie dazu die Unterstützung anderer brauchen. Deshalb sind egoistische Persönlichkeiten höchst erfolgreich und sehr oft positiv für ihr Umfeld tätig. Sie wollen mehr Anerkennung als Angehörige des Mittelmaßes – und leisten dafür mehr. Davon haben alle etwas. Schwierig ist allein das Sich-Ausrichten auf die eigenen Ziele. Selbstverwirklichung bedeutet natürlich nicht Abkapselung, das Negieren alles Sozialen, im Gegenteil. Das wäre Egozentrik, also eine Weltsicht, bei der sich alles um die eigene Haltung dreht – etwas, was wir aus der Ideologie kennen. Egozentrik findet sich in einer Politik, die auf andere nicht zugeht, die Gräben aufreißt und Gegensätze betont. Echte Egoisten suchen die Anerkennung anderer. Das ist der Grund, weshalb sie sich ausgezeichnet als Zivilkapitalisten eignen. Die Zivilgesellschaft braucht diese egoistischen Leistungsträger ganz dringend – und sie muss den Unterschied zu Egozentrik lernen.

Zivilgesellschaft bedeutet ja nichts anderes, als dass aus Menschen Mitarbeiter der Gesellschaft werden, Gesell-

Zivilgesellschaft bedeutet ja nichts anderes, als dass aus Menschen Mitarbeiter der Gesellschaft werden, Gesellschafter im eigentlichen Sinn. Gesellschafter geben etwas und kriegen etwas. Die Entwicklung eines jeden ist die Voraussetzung für den Erfolg des Ganzen.

schafter im eigentlichen Sinn. Gesellschafter geben etwas und kriegen etwas. Die Entwicklung eines jeden ist die Voraussetzung für den Erfolg des Ganzen.

Aktien sind im Grunde eine wunderbare Erfindung des Kapitalismus. Sie machen es möglich, dass Projekte, die einige wenige Menschen bei allem Enthusiasmus nicht zustande bringen könnten, doch gelingen. In der Industriegesellschaft waren das die großen Projekte des Kapitalismus, die Eisenbahn, Stahlfabriken, große Bauwerke und vieles mehr.

Die Bezeichnung »Finanzindustrie« ist ein seltener Glücksfall an Klarheit und Präzision. Denn aus Banken, die überschaubare Projekte steuerten, wurden mit den Megaprojekten des 19. und 20. Jahrhunderts gewaltige Industrien zur Geldbeschaffung. Und bald ging es nicht mehr darum, an ein Ziel und ein Projekt zu glauben, sondern nur mehr um die Akkumulation der Akkumulation wegen. Geld, um Geld zu machen. Die Kritik hat einen harten und nicht von der Hand zu weisenden Kern. Realwirtschaft heißt für viele: Verstehbare, nachvollziehbare Ökonomie. Zweifelsohne müssen wir unsere Kultur und unsere Wahrnehmung auch in dem Teil des Wissens schulen, den man nicht anfassen kann – den man schlicht begreifen

Es gibt keine Beschränkungen, die uns der Kapitalismus, das Streben nach einer besseren Welt durch Nachdenken und Kooperation auf den Märkten, auferlegt. Außer jenen natürlich, die wir ihnen geben.

muss. Wir müssen lernen, Kreativität als solche als werthaltig zu erkennen. Zugänge entstehen, wo man etwas versteht und etwas teilt.

»Crowdfunding« aber verweist auf die ursprüngliche Idee der Aktie, eine Kooperation, ein gemeinsames Streben, weil man an die Sache glaubt und ihre Verwirklichung will. Die Börsen handelten früher mit Träumen, Hoffnungen, Wünschen und immer mit einer begehrenswerten Zukunft, mit Dingen und Angelegenheiten, die jeder auf seine Art und doch gemeinsam mit anderen verstand.

Es gibt keine Beschränkungen, die uns der Kapitalismus, das Streben nach einer besseren Welt durch Nachdenken und Kooperation auf den Märkten, auferlegt. Außer jenen natürlich, die wir ihnen geben.

Zivilkapitalismus.
Die Essenz

Die offene Gesellschaft steht an ihrem Anfang. Ob sie sich dauerhaft gut entwickeln wird, hängt von der Bereitschaft ihrer Teilnehmer ab, das Werkzeug der Wirtschaft, den Kapitalismus, selbst zu führen – und seine Anwendung nicht anderen zu überlassen. Wie mit der Wirtschaft verhält es sich auch mit der Politik. Das Delegieren von Verantwortung und Entscheidung hat ausgedient. Es ist ein Relikt aus Zeiten, in denen Menschen nicht reif und nicht klug genug waren, um sich um ihre eigenen Angelegenheiten zu kümmern. Für die Zivilgesellschaft gilt, was John Rawls als Wesensmerkmal der Gesellschaft an sich definierte, nämlich ein »Unternehmen der Zusammenarbeit zum gegenseitigen Vorteil« zu sein. Dazu müssen wir den Kapitalismus als Werkzeug anwenden – und die falschen Anklagen gegen ihn fallen lassen. Statt einen Schuldigen für unsere eigene Unmündigkeit zu suchen, sollten wir lieber darüber nachdenken, wie wir vollständig mündig werden. Bedienen wir uns also unseres Verstandes. Die folgenden zehn Punkte beschreiben den Kern des zivilen Kapitalismus, den die Zivilgesellschaft braucht.

1.

WIR SIND ERWACHSEN

Der Kapitalismus ist nicht das kleinere Übel und wir sind keine Opfer. Wir sind frei geborene, selbstbewusste Bürger, die in der Lage sind, ihre Angelegenheiten selbst zu regeln. Wir sind Zivilgesellschafter, Erwachsene der Moderne. Und wir wissen, was wir wollen.

2.

WIR SIND SELBSTBESTIMMT

Zivilgesellschafter bauen auf dem Prinzip der Hilfe zur Selbsthilfe, der Subsidiarität. Das Ziel der Gesellschaft ist die Entfaltung der persönlichen Talente und Fähigkeiten ihrer Bürger. Das Ziel der Bürger ist Selbstverwirklichung, Selbstbestimmung, die größtmögliche Eigenverantwortung und die Unterstützung aller anderen Bürger bei der Erlangung dieser Ziele.

Dazu braucht man ein Klima ohne Gesinnungsterror und eine offene Debatte, die keine Denk- und Diskursverbote kennt. Wir lassen uns weder sagen, was wir für richtig halten sollen, noch, was nicht. *Political correctness* ist ein Herrschaftsinstrument unter vielen.

3.

WIR ERMÖGLICHEN ZUGÄNGE

Schulen und Bildungseinrichtungen erziehen vor allen Dingen zur Selbstständigkeit, und nicht, wie heute, zum Mitmachen und zur Unterordnung. Es geht darum, Bildung als Universalwerkzeug zu begreifen. Wo immer es geht, soll der persönliche, originäre Nutzen der Bildung für den Einzelnen klar werden. Wir lernen nicht mehr für die Schule, für die Firma, für andere – sondern für uns selbst.

Das wichtigste Bildungsziel ist, den Wert des Unterschieds und den Wert der Person zu lehren, deutlich zu machen, wie wichtig Unterschiede und Unterscheidbarkeiten sind. Der Respekt vor Differenz und Vielfalt steht über allem. Bildung zur Selbstständigkeit fördert die Fähigkeiten zur Veränderung. Es ist schlicht Selbstbetrug zu glauben, dass alles im Leben planbar wäre. Üben wir die Fähigkeit, mit Überraschungen umzugehen. An die Stelle von Ohnmacht tritt ein konstruktives Staunen.

4.

ZIVILKAPITALISTEN GEHÖREN SICH SELBST

Wirtschaft muss barrierefrei sein. Im Zivilkapitalismus stehen alle verfügbaren Mittel und Wege offen, um Eigeninitiative und Selbstständigkeit zu fördern. Unternehmerisches Denken ist nicht abweichendes Verhalten, sondern der Kern einer offenen Gesellschaft, die auf Innovationen, Wissen und positive Veränderungen setzt. Zivilkapitalismus fördert nicht den Besitzstand, er schafft Zugänge, erlaubt Zugriffe und bietet Möglichkeiten, aber er drängt sie niemandem auf.

Wo Wissen zur wichtigsten Ressource wird, wird das Recht auf die eigene Kreativität und ihre Ergebnisse zum Grundrecht. Informationen mögen kollektiven Charakter haben, schon Wissen hat diese Einschränkung nicht mehr. Wissen entsteht in der Auseinandersetzung mit einer Person und ihren unverwechselbaren Sichtweisen. Wissen ist ein originäres Produkt. Vollständig persönlich wird es in der Anwendung, denn hier verdichtet es sich zum Original, zum Können, zum Know-how, das jeweils an eine Person gebunden ist.

Wissensarbeiter gehen nicht von einer Abhängigkeit in die nächste, also von der einen Firma, dem einen Staat hin zu einem Kollektiv oder einem Schwarm. Jeder kann teilen, aber er muss nicht müssen.

5.

ZIVILKAPITALISMUS IST EINE GRASWURZELBEWEGUNG

Eine barrierefreie Ökonomie braucht den Einsatz aller Experten und Vermittler, um möglichst viele Menschen zu Zivilkapitalisten zu machen. Zivilkapitalismus ist eine öffentliche Angelegenheit. Er ist nicht die Sache von Menschen in dunklen Anzügen oder Businesskostümen. Zivilkapitalismus legt Wert aufs Teilen und teilt sich mit. Barrierefrei heißt immer auch so klar und verständlich wie möglich. Kapitalismus ist nicht zu kompliziert. Das lernt man an der Geschichte des Personal Computers und des Internets. Beiden Technologien liegen komplexe Strukturen zugrunde, die gezielt von einer elitären Hochtechnologie zu einem massentauglichen Produkt entwickelt wurden.

Der Zivilkapitalismus orientiert sich bei seiner Verbreitung an der frühen Alternativbewegung. Enge Grenzen sind nicht erwünscht. Experimente, Versuche, Diskurse, ein konstruktiver Streit über Ziele sind wichtig. Die offene Gesellschaft lebt von Unterschieden, nicht von Mainstream und Anpassung. Zivilkapitalismus ist eine Graswurzelbewegung, die auf die Ethik und Kraft der Person setzt statt auf die Macht großer Institute. Zivilkapitalismus ist Selbstbewusstsein und Emanzipation.

6.

ZIVILKAPITALISMUS IST REALWIRTSCHAFT

Zivilkapitalisten sind Sozialunternehmer, weil sie sich darüber im Klaren sind, dass ihr ökonomisches Handeln und ihre Innovationen andere Menschen beeinflussen. Der politisch gewollte Gegensatz zwischen Markt und Gemeinwesen ist überholt. Wirtschaft ist kein Selbstzweck, sondern sucht nach der Verbesserung der Lebensbedingungen aller in ihr handelnden Personen. Zivilkapitalismus ist die real existierende Wirtschaft, in der Unternehmer, Menschen mit Zielen, Sinn, Zweck, Träumen und Visionen die Bürokratie des alten Kapitalismus, das Management, ersetzen.

7.

ZIVILKAPITALISMUS IST INTERESSE AM ANDEREN

Zivilkapitalismus ist kooperativer Kapitalismus. Er verteilt nicht einfach Güter und Dienstleistungen, sondern er respektiert den Sinn des Wortes »Markt« im Ganzen und in seinem Ursprung: Aus dem Verbraucher wird ein Mit-Gestalter und Mit-Unternehmer, ein Zivilgesellschafter, der seine Wünsche und Vorstellungen einbringt. Menschen auf diesen Märkten sind im Wortsinn Geschäfts-Partner. Sie handeln im gegenseitigen Interesse, sie folgen gemeinsamen Zielen, sie unterstützen sich gegenseitig, weil sie etwas voneinander wollen.

Dieses Voneinander-Wollen wird kultiviert: Die Frage lautet nicht mehr: Was kann ich Ihnen verkaufen? Sondern: Was kann ich für Sie tun? Nun meinen wir es ernst.

8.

ZIVILKAPITALISMUS STÄRKT DIE ÜBERSICHTLICHKEIT

Wir lernen gerade, mit Komplexität umzugehen, weil wir lernen auszuwählen und zu entscheiden. Die Zivilgesellschaft stärkt das Prinzip der Polis: »Alle Bürger, die politische Entscheidungen treffen, müssen in der Lage sein, sich in einem Raum versammeln zu können.« Wir wollen einander kennenlernen. Kommunen und Regionen stehen über einem Zentralstaat oder supranationalen Gebilden, die sich nach dem Muster der alten Nationalstaaten entwickelt und sich von den Bürgern massiv entfremdet haben. Zivilgesellschaft braucht Nähe und Ferne, das Globale und das Lokale. Verbindend ist das Interesse, das wir aneinander haben.

9.

ZIVILKAPITALISTEN SIND FORTSCHRITTLICH

Elitäre Antikapitalisten trauern ihren Illusionen nach. Dabei klingen sie so ewiggestrig wie all die Generationen vor ihnen, die »es ja immer schon gewusst haben«. Der wohlfeile Antikapitalismus von heute ist reaktionär. Er wird von Spießern und in besseren Kreisen gepflegt, von Leuten, die eigentlich ihre Ruhe haben wollen, die von den Krisen gestört wird.

Dieser Neobiedermeier hat die moralische Lufthoheit in der Politik, in der Kunst und in den Medien. Der Neobiedermeier beabsichtigt nicht, seine Planstellen und die damit verbundenen vermeintlich »wohlerworbenen Rechte« aufzugeben. Dabei wird die Ausplünderung des Gemeinwesens und künftiger Generationen seit langem billigend in Kauf genommen.

Zivilkapitalismus zwingt zu einem nüchternen Blick auf diesen Zustand, auch mit den Widersprüchen, die die Transformation mit sich bringt. Das Leben in Selbstbestimmtheit bringt Zumutungen mit sich, vor allen Dingen jene der Entscheidung.

10.
WAS ZU TUN IST

»Was kann man daraus machen?« ist die Grundformel der Zivilgesellschaft – und des Zivilkapitalismus. Es liegt an uns selbst, ob es auf diese Frage eine Antwort gibt – die Politik und die alten Machtstrukturen haben auf jeden Fall auch eine parat. Doch der Preis dafür ist die Verlängerung der Unmündigkeit. Überlassen wir den Kapitalismus nicht den Leuten, die ihn zum Inbegriff des Versagens und der Ungerechtigkeit gemacht haben. Nehmen wir das Werkzeug auf. Beschaffen wir uns Wissen, Strukturen und Methoden zur Selbstständigkeit. Besserung ist nur durch uns selbst zu erwarten, ganz so, wie Leo Tolstoi es sagte: »Damit die Lage der Menschen besser wird, müssen die Menschen selbst besser werden.« Das ist harte Arbeit. Aber es gibt immer noch eine ganze Welt zu gewinnen.